図解
よくわかる

地方公営企業
のしくみ

JN027672

吉岡律司［著］

学陽書房

はじめに

　地方公共団体が行う活動には主に一般行政活動、企業活動、収益事業活動があります。本書では、そのうち公営企業としての企業活動を料金等を財源に行う事業について、知っておきたい情報を簡潔にまとめています。

　私が人事異動で突然、税務課から公営企業へ配属されたとき、一般行政部局との制度の違いや企業職員として求められる内容にとても戸惑い、勉強をしようと思っても、当時存在した専門書は初任者には難しく、とても苦労したことを覚えています。研修等でお話しさせていただく際にも、公営企業の制度は難しいという声をよく耳にします。

　また、企画財政担当となり総合計画を策定する際、公営企業は独立採算だからと簡単に片付けるのではなく、改めて公営企業をよく理解し、公営企業の担当と協力して地方公共団体全体の視点で改革を進めていく必要性を強く感じました。

　これらの経験を踏まえて、本書は、公営企業の担当者や政策・企画・財政の担当者に知っておいてほしい、「公営企業のいろは」「ヒト・モノ・カネ・情報といった公営企業の経営資源」、そして「経営戦略の考え方と改革の方向性」を概論的にまとめた入門書です。

　公営企業は、暮らしを支える不断にして必需なサービスを提供していますが、人口減少が進む中でさまざまな課題に直面し、持続可能性が問われています。人口が減る環境での公営企業の経営は、誰も経験したことがありません。ゆえに、これまでの勘や経験、度胸に頼るのではなく、しっかりと学びそれぞれの環境に適応させることが必要なのです。

　本書が、勉強の一助となり、それぞれの立場で公営企業に係わる皆さんに貢献できれば幸いです。

2022 年 12 月吉日

吉岡　律司

図解 よくわかる地方公営企業のしくみ

4章 「予算と会計」で理解する公営企業のカネ

5章 「情報とコミュニケーション」で理解する公営企業と 住民の関係

6章　公営企業の改革と経営の戦略 〜接続可能な経営を目指す〜

参考資料

凡例 本書中の略称表記について

・本書においては基本的に「地方公営企業」を「公営企業」
　と略称で表記しています。
・図表中、次の略称を用いています。
　地方公営企業法……………法
　地方公営企業法施行令……令

章

公営企業のいろは
〜基本構造をおさえる〜

1-1 公営企業となる行政活動を確認しよう

地方公共団体の行政活動

住民福祉の向上

一般行政活動

一般的な公共的需要を満たす活動で、その効果が特定の個人に留まらない。

企業活動
（主に公営企業が行う）

サービス等の効果が特定の個人に留まる。

租税により賄われる　財源　料金等により賄われる

公営企業活動のサービス等の効果は特定の個人に留まります。また、その財源は料金等によって賄われます。

地方公共団体の活動は、基本的に3分野に分類されます。

財源の確保

収益事業活動

地方公共団体が行う企業活動は、地方公営企業が行う事業と考えて差し支えありません。

【一般行政活動】

道路整備、学校、保育所、警察、消防等があります。私たちが普段生活する中での一般的な公共的需要を満たす活動で、その効果が特定の個人に留まらないのが特徴です。そのため、財源は租税で賄われます。

【企業活動】

水道、交通、電気、ガス、病院、港湾整備等があります。企業活動のサービス等の効果が特定の個人に留まるのが特徴です。そのため財源は料金等によって賄われます。

【収益事業活動】

地方公共団体は、本来、営利を目的にしていませんが、実施する事業に要する経費の一部を賄うため、例外的に収益を目的として事業を行うものです。競馬、競輪、競艇、オートレース、宝くじがあります。

私たちの身の回りの公営企業

水道
1,794事業

バス
24事業

地下鉄
8事業

ガス
22事業

電気
99事業

駐車場
193事業

観光施設
243事業

市場
151事業

病院事業
683事業

下水道事業
3,606事業

私たちの身の回りには様々な公営企業があります。公営企業を経営している団体数は 1,783 団体あり、公営企業の事業数は 8,165 事業にのぼります（令和 2 年度末時点）。

【法適用企業（事業）、法非適用企業（事業）】

　地方公営企業法では、同法の規定の全部が当然に、あるいは財務規定等が当然に適用されると定めている事業があります。

　また、地方公共団体が経営する企業について条例で同法の規定の全部又は財務規定等を適用させた事業もあり、これらの地方公営企業法上の規定を受けている事業を「法適用企業（事業）」といいます。

　なお、地方公共団体が行う企業活動のうち、地方公営企業法の規定を適用していない事業を一般的に「法非適用企業（事業）」といいます。

地方公営企業法を適用した法適用企業は4,662事業、これに対して法非適用企業は3,503事業あります。

「令和2年度地方公営企業年鑑」（2021年発表）の数値を基に作成

1-3 法令で規定される地方公営企業の違いを確認しよう

事業名	地方財政法上の公営企業	地方公営企業法上の地方公営企業		
水道事業	○	○		当然適用（全部適用）
工業用水道事業	○	○		
交通事業(軌道事業)	○	○		
交通事業(自動車運送事業)	○	○		
交通事業(鉄道事業)	○	○		
電気事業	○	○		
ガス事業	○	○		
病院事業	○	○		当然適用（財務規定等）
簡易水道事業	○	○	×	条例で地方公営企業法の規定を適用した場合は該当するため○、適用しない場合は該当しないため×。
交通事業(船舶運行事業等)	○	○	×	
港湾整備事業	○	○	×	
市場事業	○	○	×	
と畜場事業	○	○	×	
観光施設事業	○	○	×	
宅地造成事業	○	○	×	
公共下水道事業	○	○	×	

当然適用とは、地方公共団体の意思や状況に関係なく、また、手続き等を必要とせずに法律の規定の効果として適用関係が生じるという意味です。地方公営企業法では、当然適用に加え、条例で同法の規定の全部又は財務規定等を適用することでも地方公営企業となります。なお、法令で挙げられている地方公営企業は典型的な例示にすぎず、地方公営企業（公営企業）の範囲はそれぞれの法律の目的に従います。

			地方公営企業労働関係法上の地方公営企業
			○
			○
			○
			○
			○
			○
			○
	○	×	
		○	
	○	×	条例で地方公営企業法の全部を適用した場合は該当するため○、地方公営企業法の全部を適用しない場合は該当しないため×。
	○	×	
	○	×	
	○	×	
	○	×	
	○	×	
	○	×	

【地方財政法上の公営企業】

地方財政法では「公営企業」という用語を用い、同施行令で代表的な13の事業（交通事業を細かく分類すると計16事業）を列挙しています。地方財政法第6条では、これらの事業の経営について規定しています。

【地方公営企業法上の地方公営企業】

地方公営企業法では、同法の規定の全部が当然に適用される7事業（交通事業の中の船舶運航事業を含めると計8事業）と、財務規定等が当然に適用される病院事業が地方公営企業とされています。また、地方公共団体が経営する企業について、条例で同法の規定の全部又は財務規定等を適用することで地方公営企業とすることができます。

【地方公営企業労働関係法上の地方公営企業】

地方公営企業法第2条第1項で規定している地方公営企業に簡易水道事業を加えた事業のほか、同条第3項の規定に基づく条例又は規約に基づくところにより同法第4章（職員の身分取扱）の規定が適用される企業を地方公営企業としています。

13

地方公営企業法の適用を受ける事業の範囲

	事業の種類	当然適用	任意適用
法適用事業	【全部適用事業】 水道事業 工業用水道事業 軌道事業 自動車運送事業 鉄道事業 電気事業 ガス事業	法の規定の全部	————
	【財務規定等適用事業】 病院事業	財務規定等	財務規定等を除く法の規定

	事業の種類	任意適用
法非適用事業	船舶運行事業 簡易水道事業 港湾整備事業 市場事業 と畜場事業 観光施設事業 宅地造成事業 公共下水道事業 介護サービス事業 駐車場整備事業 有料道路事業 その他	条例により法の規定の全部又は財務規定等を適用することができる

地方公営企業法の適用には、「当然適用（全部適用）」「当然適用（財務規定等適用事業）」「任意適用」の３つの方法があります。

【財務規定等とは】

　病院事業には地方公営企業法の規定の一部である財務規定等が当然適用されます。

　財務規定等とは、同法「第１章　総則」で適用することを定めている以下の11の規定を指します。

①経営の基本原則（第３条）

②地方公営企業の設置（第４条）

③地方公営企業に関する法令等の制定及び施行（第５条）

④地方自治法等の特例（第６条）

⑤「第３章　財務」の全ての規定（第17条から第35条まで）

⑥「第６章　雑則」のうち地方自治法の適用除外（第40条）

⑦業務の状況の公表（第40条の2）

⑧助言等（第40条の3）

⑨国と地方公営企業を経営する地方公共団体等との関係（第41条）

⑩附則のうち資産の再評価（第2項）

⑪政令への委任（第3項）

任意適用をする場合、地方公共団体が随意の規定のみを選んで適用することはできません。

法適用事業は、主として事業に係る経費に当該事業の経営で得られる収入を充てる事業が対象になります。

公営企業が関係する法的な特徴

●地方公営企業法に関係する法律体系

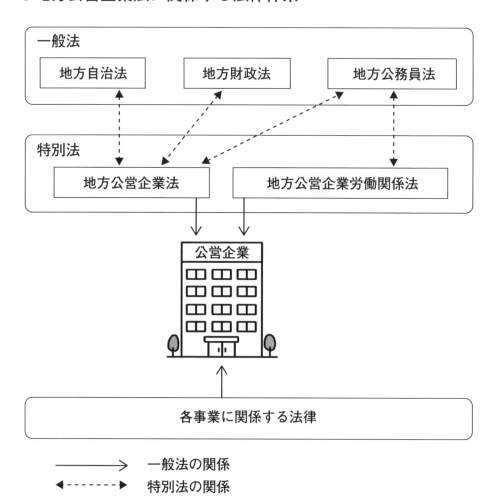

公営企業は公営で経営されますが、事業として民間の企業と同じ側面を持ち合わせています。そのため、民間企業について事業に法的規制が行われている場合、公営企業でも同様に取り扱われます。

●主な公営企業に関係する法律

事業名	関係法律
水道事業及び水道用水供給事業	水道法
工業用水道事業	工業用水道事業法
軌道事業	軌道法
自動車運送事業	道路運送法
鉄道事業	鉄道事業法
電気事業	電気事業法
ガス事業	ガス事業法
病院事業	医療法
市場事業	卸売市場法
公共下水道事業	下水道法

【公営企業に関係する代表的な法律】

　地方公営企業法には、それぞれの事業についての規定はされていないので、地方公営企業法と公営企業に関係する法律は当該事業に重層的に適用されます。

　左で例示しているような関係法律は、規制を受ける事業の公益的性格に照らし合わせ、利用者の保護や事業の健全な育成を目的として制定されているもので、経営主体に関係なく適用されます。

【一般法と特別法】

　ある特定の事項について、広く一般的に適用される法を一般法と言います。これに対して、一般法が適用される事項のうち、特定の場合や人等に限定して一般法と異なる内容を定めた法を特別法と言い、一般法よりも優先的に適用されます。

公営企業の経営原則

●公営企業の経営原則

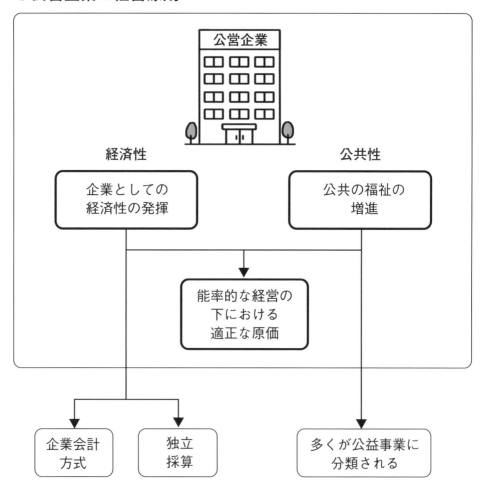

地方公営企業法第3条には企業としての「経済性」と、地方公共団体が経営する「公共性」が規定されており、一般的にこの2点が地方公営企業の経営原則と呼ばれています。

【求められる経済性とは】

　地方自治法では、地方公共団体は、その事務を処理するに当たっては、住民の福祉の増進に努めるとともに、最少の経費で最大の効果を挙げるようにしなければならないと規定されています。しかし、公営企業には、さらに民間企業に匹敵する企業の経済性が要請されており、その手段として企業会計方式と独立採算が採用されています（詳細は第4章を参照）。

【公益事業とは】

　公共の利益に関係し、国民の日常生活に不可欠なサービスを提供する事業のことを指します。参考までに公益事業学会では、「公益事業」を、「われわれの生活に日常不可欠な用役を提供する一連の事業のことであって、それには電気、ガス、水道、鉄道、軌道、自動車道、バス、定期船、定期航空、郵便、電信電話、放送等の諸事業が包括される」と定義しています。

地方財政法、地方公営企業法等に例示されている事業の共通点は「地方公共団体が経営主体」「住民の福祉の増進が目的」「企業である」の3点です。

管理者とはどんな職員か

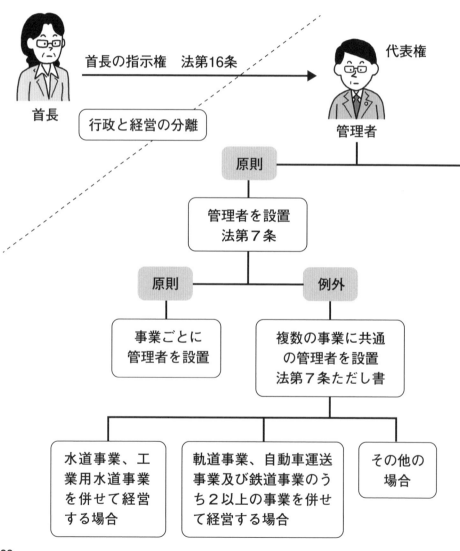

首長の指示権　法第16条

代表権

首長

行政と経営の分離

管理者

原則

管理者を設置
法第7条

原則

事業ごとに
管理者を設置

例外

複数の事業に共通
の管理者を設置
法第7条ただし書

水道事業、工
業用水道事業
を併せて経営
する場合

軌道事業、自動車運送
事業及び鉄道事業のう
ち2以上の事業を併せ
て経営する場合

その他の
場合

公営企業の日常の業務執行については、管理者に広範な権限が与えられています。管理者は、この権限の範囲で地方公共団体を代表して業務の執行をすることができます。

例外

管理者の不設置可
法第7条ただし書

※管理者を置かなくても良い一定規模に達しない事業は法施行令第8条の2において規定される

管理者の権限は、当該地方公共団体の長が行う
法第8条第2項

【管理者が持つ代表権】

　公営企業は、地方公共団体の行政のひとつとして行われますが、業務の多くは経済活動です。

　管理者は日常の業務の執行が委ねられ、地方公共団体を代表するものとされています。これは、管理者の名において行った公営企業の業務の法律上の効果は、地方公共団体に帰属することを意味します。

【首長が持つ指示権】

　管理者には代表権があることから、首長は管理者の業務執行について一般的に指揮監督権はありません。しかし、首長は公営企業の最終的な責任者であることから、法律で定める場合（地方公営企業法第16条）に限って、管理者に対して必要な指示をすることができます。

【管理者がいない場合もある】

　法適用企業には、原則、管理者を置かなければなりません。一方、例外として一定規模に達しない事業では、条例で定めるところにより管理者を置かないことができます（同法第7条ただし書）。その場合は、首長が管理者の権限を行うことになります（同法第8条第2項）。

首長・管理者・議会の関係と管理者の身分

●首長・管理者・議会の関係

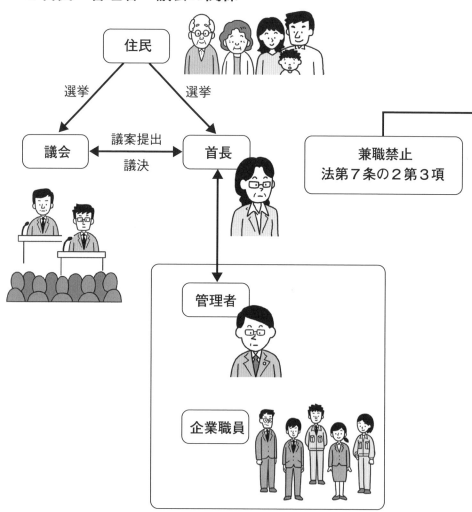

住民

選挙　　　選挙

議会　←　議案提出　→　首長
　　　　　議決

兼職禁止
法第7条の2第3項

管理者

企業職員

公営企業の管理者は、任期が設けられ、任期中は良好な経営を行うために身分が保証されています。一方、罷免される可能性がある場合は、監査委員の決算審査意見書によって判断されることが想定されています。

●管理者の身分

管理者

身分取扱い

任期
法第7条の2第4項

罷免
法第7条の2第7項
懲戒
法第7条の2第8項

【管理者はどうなると罷免されるの？】

　地方公共団体の長は、「業務の執行が適当でないこと」「経営の状況が悪化したと認める場合」の2つの条件を満たした場合、任期にかかわらず管理者の経営責任を追及し、罷免することができます。

　また、管理者を罷免する場合、首長による恣意的な判断が行われないよう、客観性を持たせるために、監査委員の決算審査意見書に明記された内容をもとに判断されます。監査委員には、地方公営企業法第30条第3項により経営の基本原則の趣旨に従っているか特に気を配るべきであることが規定されています。

【管理者と議会の関係】

　管理者の職務は、企業経営という経済活動が中心になります。そこで、議員との関係等による影響を防ぎ、政治的中立を確保するため、首長を通じてのみ議会に責任を負う仕組みになっています。

コラム1

現状に疑問を持つ視点を持とう

【管理者制度の現状】

　地方公営企業法で定められている管理者制度は、管理者に対する地方公共団体の長や議会の関与を最小限にとどめ、管理者を企業の経営者として、業務の執行を任せる仕組みです。仕組みの中で管理者は必ず配置する必置制となっていますが、小規模事業には管理者非設置の例外規定が設けられており、事業の規模が小さくなるにつれて設置率が低くなるのが現状です。

　重要な役割を担う管理者が非設置の公営企業が多いのであれば、行政と経営の分離が曖昧になるなど、本来、制度が予定している効果が見込めなくなる可能性が高まります。これについて「制度に問題があるのではないか」といった指摘があるのに対し、「制度に問題があるのではなく、それを選択した地方公共団体に問題がある」とする指摘もあります。

【使える知識とするための視点】

　既にその体制で事業が営まれているため、現場レベルでこのような議論になることはほとんどないでしょうし、これを読んでも「そうなんだ」くらいにしか思わないかもしれません。

　しかし、本書を手に取ってくださった皆さんには、そうした管理者の設置・非設置といった形式的な側面だけを理解するのではなく、制度が予定している内容についても学ぶことで自分の地方公共団体の経営体制の実態と比較して疑問を持っていただきたいのです。

　地方公営企業法が制定されたのは、昭和27年です。本書執筆時において制定から70年が経過しており、当時の社会環境と現在は大きく異なります。制度を知るだけではなく、「どうしたら制度をうまく活用し、今後に適応できるか」の視点であらためて第1章を読み返していただくことをおすすめします。

2章

「人と組織」で理解する公営企業の運営体制

企業職員の身分

管理者の権限に属する事務
の執行を補助する企業職員
は、管理者が任免します。
（地方公営企業法第15条）

管理者

公営企業の経営原則に
基づく運営

企業職員の任免

通常の任免

企業職員は、地方自治法に規定
される職員でもあります。
（地方自治法第172条第1項）

企業職員

ポイント

通例的に、地方公共団体の職員が公営企業に配属され、管理者の指揮監督のもと業務を行います。企業職員には、公営企業の経営原則を理解し、経営の視点をもって業務に臨むことが求められ、「経済性の発揮」と「公共の福祉の増進」の二刀流の活躍が期待されています。

【企業職員に求められる視点】

　企業職員の任免は執行機関の長である首長ではなく、補助機関である管理者が行うこととされています。その理由のひとつに、管理者の経営責任の明確化があります。

　管理者の指揮監督を受ける企業職員には、公営企業の経営原則を理解し、経営の視点をもって業務に臨むことが求められます。

【例外的な任免】

　あらかじめ、当該地方公共団体の長の同意を得る必要がある主要な職員とは、公営企業の規模によって異なりますが、通常は課長相当職以上が該当すると考えられます。

　これは、独立性の高い公営企業であっても、広い意味での行政活動のひとつであることから、長を頂点とする地方公共団体の一体性を確保するための規定です。

当該地方公共団体の規則で定める主要な職員を任免する場合は、あらかじめ、当該地方公共団体の長の同意が必要です。
（地方公営企業法第15条但書）

例外的な任免

公営企業の主な業務と取組み方式

主な取組み方式

個別委託	第三者委託	DB方式	DBM方式	DBO方式

主な業務							
技術系の業務						事務系の業務	
基本計画	基本設計	実施設計	施工	維持管理	施設運転	資金調達	財務関連業務

公営企業の業務は、職員が直営で行うことが基本です。一方、外部のノウハウを活用し業務の質の向上や効率化を図る目的で、多くの公営企業では何らかの方式で業務を外部に発注しています。発注方式により法律上の位置づけや責任が異なります。また、それぞれの方式には発注者から見たメリットとデメリットがあります。

指定管理者制度	PFI方式	コンセッション方式

人事管理業務	検針業務	窓口業務	料金関連業務

【民間企業との連携】

・個別委託

　基本設計、実施設計、施工、維持管理等を個別に発注。

・第三者委託

　技術的に信頼できる水道事業者や民間企業等の第三者に法律上の責任も含めて委託。

・DB方式（Design Build）

　施設の設計、建設を一括発注。

・DBM方式（Design Build Maintenance）

　施設の設計、建設を一括で発注し、別に維持管理業務として委託契約を締結。

・DBO方式（Design Build Operate）

　施設の設計、建設、施設の運転、維持管理を一括発注。

・指定管理者制度

　公の施設について、地方公共団体から指定を受けた指定管理者が管理を代行する制度。

・PFI方式（Private Finance Initiative）

　民間事業者が調達する資金で設計、施工を行い、その後の維持管理、運営も併せて発注。

・コンセッション方式

　資産は地方公共団体が所有し、民間企業と事業権契約を締結し、民間企業が事業を運営。

直営から外部委託に変更する場合の留意点

住民

外部委託 ＝ より良い住民サービスを
提供するための手段

民間企業の有する優れた技術やノ
ウハウを積極的に活用し、公営
企業のマネジメントを強化する

避けるべき状態

上手くいかないから丸投げ委託

公営企業

ポイント 「直営でできないから業務を委託する」という発想ではなく、「住民へのサービス向上」や「事業の持続可能性の確保」のために外部へ委託するという考え方が大切です。

【業務委託は魔法ではない】

　本来、業務を委託する理由は、外部から必要な人材や業務を調達することで、住民に対するサービスの向上に加え公営企業が行う事業を持続可能なものとするためです。

　しかし、「経営環境の悪化……施設の老朽化……経営が上手くいかない…。だから委託しよう！」というような業務委託が見られます。問題になっている経営環境の悪化や施設の老朽化は、民間企業に委託すれば解決するというものではありません。

【モニタリングの重要性】

　外部委託を行っても、適正な業務執行がなされているかなどについて住民や議会に対する説明責任を果たす必要があります。

　しっかりとモニタリングができるようにするために、委託先の内部統制組織をチェックできるような契約とすることが大切です。

民間企業

2-4 民間企業との競合関係を知ろう

●民間企業の割合が高い事業

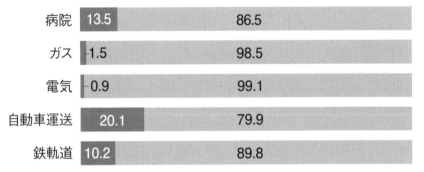

	公営企業	民間企業
病院	13.5	86.5
ガス	1.5	98.5
電気	0.9	99.1
自動車運送	20.1	79.9
鉄軌道	10.2	89.8

100%

●公営企業の割合が高い事業

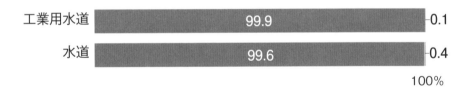

	公営企業	民間企業
工業用水道	99.9	0.1
水道	99.6	0.4

100%

■ 公営企業　■ 民間企業

【公営企業? それとも民間企業?】

　左に例示した事業はどれも、公営企業と民間企業のどちらでも行うことができますが、事業によって公営企業が占める割合は大きく異なります。

　水道事業のように、代替性がなくほとんど公営企業が占めている事業もあれば、交通事業のように民間企業と競合関係にある事業もあります。

　例示しているのは一部ですが、事業を行うために巨額な投資が必要であり、かつ、その回収に長期間を要する事業分野ほど公営企業が行っている割合が高くなります。

公営企業の数は、8,165事業にのぼります。事業分野も様々で一律に整理することはできません。

水道事業のように公営企業の割合が高い事業でも、民間企業への業務委託が進んでいます。

「令和2年度地方公営企業年鑑」
（2021年発表）の数値を基に作成

33

公営企業に従事する職員数

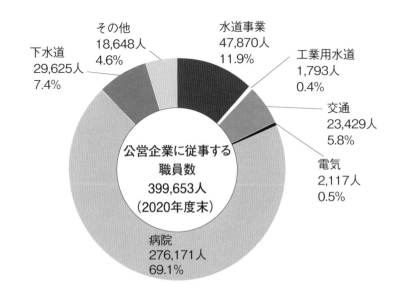

その他
18,648人
4.6%

下水道
29,625人
7.4%

水道事業
47,870人
11.9%

工業用水道
1,793人
0.4%

交通
23,429人
5.8%

電気
2,117人
0.5%

病院
276,171人
69.1%

公営企業に従事する
職員数
399,653人
（2020年度末）

公営企業の数と職員数の推移

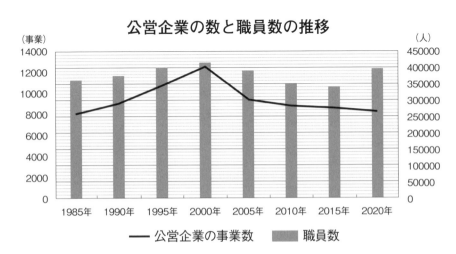

（事業）

（人）

―― 公営企業の事業数　　■ 職員数

ポイント 職員が減少しても、業務内容は大きく変わりません。業務の効率化、広域化（他の地方公共団体の公営企業との事業統合等）、民間企業への業務委託等、どのようして事業の運営を持続可能なものにするかが重要です。

【公営企業に従事する職員数】
　2019年度末の公営企業に従事する職員数は399,653人です。そのうち法適用企業に従事する人は384,263人、法非適用企業に従事する人が15,390人となります。
　最も職員数が多いのが病院事業で次いで上水道事業、交通事業、下水道事業の順に続きます。この上位4事業で全体の94.2%を占めます。

公営企業の職員数は、2000年をピークに2019年まで減少傾向にありました。職種という視点では、特に小規模な公営企業において、技術系の職員数が少ない状況にあります。

「令和2年度地方公営企業年鑑」
（2021年発表）の数値を基に作成

2-6 事業規模によって異なる求められる人材

●大規模な公営企業

専門性を活かせる環境があり、業務を掘り
下げることのできる人材が求められる。

公営企業の事業規模によって職員に求められる人物像は異なる一方で、「業務に慣れ、ルーティンをこなすだけの作業をする職員」は求められていない点においては共通しています。公営企業を取り巻く環境は厳しさを増しています。規模の大小にかかわらず、環境に適応して仕事ができる職員になりましょう。

●小規模な公営企業

複数の業務をこなせる人材が求められる。

公営企業の規模の大小に関係なく事業に必要な要素は同じですが、公営企業の規模に応じた人材の育成が必要になります。

【知識ではなく、活かせる技術を育てる】

　人材育成や技術継承は、全ての公営企業に共通する課題です。単なる知識ではなく事業の現場で活かせる技術にするためには、個人の努力もさることながら組織としての戦略が重要になります。

　また、技術継承といえば、技術系の職員の話のように感じるかも知れませんが「経営」に関するノウハウ（例えば簿記、会計、経営分析、経営計画の策定や料金改定の方法等）も同様に継承するべき内容です。その意味で、事務系の職員にも技術の継承が求められます。

組織の危機管理を考えよう

●危機管理で必要な対策（水道事業の場合）

原因に対する対策

危機管理対象（原因） → 地震対策　風水害対策　渇水対策　施設事故対策　管路事故対策　給水装置凍結事故対策　停電対策　水質汚染事故対策

結果的な被害に
対する対策

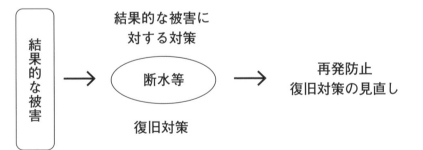

結果的な被害 → 断水等 → 再発防止
復旧対策の見直し

復旧対策

原因に対する対策を立てるには、いかにその原因を排除するかの視点が必要です。また、被害が発生した場合は、速やかに復旧させ、被害を最小限にとどめる視点が求められます。2022年現在、新興感染症に対する危機管理の実効性が求められています。

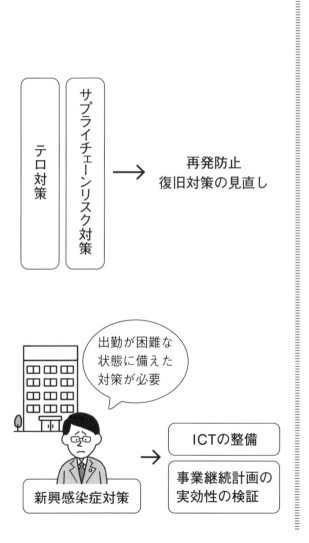

テロ対策
サプライチェーンリスク対策

→ 再発防止
　　復旧対策の見直し

出勤が困難な
状態に備えた
対策が必要

新興感染症対策 → ICTの整備

事業継続計画の
実効性の検証

【危機管理で持つべき視点】

　危機管理の対象となる原因は多岐にわたります。事業に共通するものもあれば、地域ごとに異なるものも考えられます。一方、異なる原因で同じ被害が発生する場合があります。例えば、水道事業における代表的な被害は断水です。原因に対する予防はもちろん復旧対策におけるまで、危機管理の実効性を確保することが大切です。

　なお、危機管理の最終形は報告書をまとめることではなく、対策を立てることや見直しです。これらは口で言うほど簡単ではありません。組織には危機管理対策のレベルアップが求められます。

【新興感染症に対する視点】

　新型コロナウイルスの感染拡大は、改めて公営企業の危機管理対策が問われる出来事になりました。公営企業は、国民の日常生活に不可欠なサービスを提供する事業が多く、職場に出勤できないという事態について、これまでの危機管理の視点とは別の次元で事業の継続性を考える必要があります。

2-8 機能する組織体制を整えよう

●非常時の対応

```
        対処
       指示
      判断
     分析
    情報収集
```

●平時からの育成

| 研修 | OJT | 経験 |

職員数だけ揃えるのではなく、知識を技術として活かせる職員を平時から育成する視点が必要です。また、持続性の観点から職員の育成と組織体制を考える必要があります。

● (例) 破裂した水道管の復旧

普段から現場に足を運び現場感を養うことが大切。

例えば水道事業では、非常時においても、水を安定的に供給する必要があります。非常時に情報収集から復旧までを適切に行えるような組織体制を日頃から構築する必要があります。

【非常時に対処できる職員の育成】

OJT や研修等を通じた日頃の取組みが大切です。また、非常時に求められる職員像や組織体制を、経営戦略や BCP (事業継続計画) 等で明確にしておくことで組織内で共通の理解を持って取り組むことができます。

【職員の配置】

ゼネラリスト (事業全般についての広範な知識・技術・経験を持つ職員) とスペシャリスト (特定分野についての深い知識や優れた技術を持つ職員) が管理職を含めて適切に配置されていることが重要です (詳細は6-7 を参照)。

また、経営や技術に関して、精通したベテラン職員に依存してしまうことが多いことも問題です。持続性の観点から、職員の育成と組織体制を考えることが大切です。

コラム2

住民が知ったら怒る不都合な現状

【回避するべき３つの傾向】

　公営企業の職員には「企業としての経済性の発揮」と「公共の福祉の増進」の二刀流の活躍が求められます。このことは基本的な心得なのであたりまえにおさえていてほしいのですが、残念ながら実践できている人は少数派です。さらに、近年の公営企業職員には、それよりも心配な事例が散見されます。

　第２章で述べたとおり、公営企業に従事する職員は減少傾向にあります。その中で適切に技術やノウハウの継承ができなかった組織では「勘だけに頼る」「自分自身の経験だけに頼る」「度胸だけで仕事をする」という働き方が横行してしまいます。

　同じ勘や経験、度胸でも、しっかりとした実務に裏打ちされていれば良いのですが、裏付けがないままこのような状況で仕事していると、やがて職員には深刻な３つの傾向が顕著に表れるようになります。それが、①あきらめている、②考えない、③場当たり的に行動する、です。

【できない言い訳よりやる方法を考えよう】

　このような職員が多い組織で、様々な業務を「できない」を理由にして民間企業に丸投げし、さらには公営企業の目指すビジョンさえコンサルタントに考えてもらうといったケースが実際に起こっています。皆さんが所属する組織は大丈夫でしょうか。

　役所に採用されたとき、誰しも希望とやる気に満ちあふれていたと思います。しかし、「できない言い訳」がはびこる組織に慣れてしまうと、気付かないうちに自身もそのようになってしまいます。

　公営企業の仕事を通じて地域を支えるという熱い思いと常に問題意識を持ち、前例にとらわれることなく「できる方法」を考えることが大切です。

3章

「モノと事業」で理解する公営企業の経営

3-1 公営企業における資産管理とは何か

社会資本の更新・維持管理に必要な投資・費用の増大

地方公共団体の財政状態の悪化

資産管理の実施

	社会資本の資産管理
対象資産	水道、下水道、道路、橋梁、港湾等
実施目的	・ライフサイクルコストの最小化 ・利用価値や効果の最大化 ・説明責任の遂行
実施内容	計画的な更新、適切な維持管理
データの所有者	地方公共団体
受益者	住民

資産管理（アセットマネジメント）とは、社会資本（産業や生活の基盤となる公共施設）の更新や維持管理が適正に行われず、住民の生活に危険や悪影響が及ぶことを防ぐための基本的な取組みです。社会資本の中には、公営企業が行う事業で対象となる資産も多く、公営企業における資産管理は、社会的課題の最前線の取組みになります。

【資産管理が必要な背景】

　水道、下水道、道路、橋梁、港湾等の社会資本は、高度経済成長期以降に大量に整備されました。これらの資産は、老朽化が進んでおり、更新や維持管理が課題になっています。

　公営企業が扱っている社会資本は、住民生活を支えるインフラであり、その適正な管理は「待ったなし」の取組みです。

【資産管理のいろいろ】

　一般的に馴染みがあるのは、金融商品の資産管理かもしれません。一般的な資産管理と社会資本の資産管理との違い（対象とする資産、目的、取組みの内容等）を理解しましょう。

　資産管理は、広い範囲を示すものであり、ファシリティマネジメント、プロパティマネジメント、ストックマネジメント、アセットマネジメント等様々な定義があります。公営企業の分野によって使われている用語も異なりますが、資産管理に当たって直視しなければならない背景はほぼ同じです。

　事業ごとのガイドライン（手引き）を参考にしつつ、各公営企業の必要性に応じ、精度の高い取組みにすることが大切です。

	一般的な資産管理
	現金、株、債券、不動産等
	・保有している金融商品等の組み合わせの最適化 ・資産価値の最大化
	資産運用
	個人、法人等
	資産の所有者

資産（施設）管理はなぜ必要なのか

●資産管理が必要になる背景

公営企業の
外部的要因

| 少子高齢化に伴う人口減少による公営企業へのニーズの変化 |

公営企業の
内部的要因

| 業務を委託する場合の的確な情報提供の必要性 |

| 厳しさを増す財政状況 |

| これまで整備してきた施設等の老朽化 |

| 事業を熟知するベテラン職員の退職 |

ポイント

経済が右肩あがりで施設をたくさん建てることができた社会環境から、施設の新設はおろか維持すらも容易ではない社会環境へと、公営企業をめぐる状況は変わってきています。人口減少を前提として、将来の事業を予測した資産管理が求められます。

【資産管理の必要性】

　特に外部的要因である人口減少による構造的な変化は、資産管理と正面から向き合うにあたっての前提条件となっています。

　また、資産管理の必要性については、それぞれの公営企業のそれまでの経営のあり方による内部的要因によって変わることから、個別の評価が必要となります。

公営企業の事業を持続可能なものとするためにも避けて通れない仕事です!

資産（施設）に期待されていること

● 資産管理（アセットマネジメント）で
期待されている４つのこと

① 最低10年間の中長期的な視点で資産が管理運営されること。

② その実践により明らかとなった課題を解決しながら継続的に資産管理の水準を高めること。

③ 財源の裏付けをした更新需要の見通しを明らかにし、更新投資が絵に描いた餅にならないようにすること。

④ 資産管理の取組みを通じて、維持管理、計画及び財務等の各担当が、更新投資の必要性や財源確保についての共通認識を持つこと。

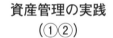

資産管理の実践
（①②）

【中長期的な視点の重要性】

既に人口減少時代に入っているとはいえ、人口のピークを過ぎてからたった10年ほどの期間で「料金収入が減少して経営が苦しい」という声を多く聞くようになりました。わが国の人口減少は何年か我慢すれば増加基調になるというものではなく、出口の見えない減少が続きます。そして今後、さらに減少のスピードが増していきます。現在、感じている苦しい状況は、まさに序章に過ぎないのです。

多くの公営企業では、人口減少の影響を抽象的に捉えている傾向があります。資産管理は、中長期的な視点で人口減少へ適応していくための条件を具体的な情報として提供してくれるものです。

資産管理の成果
（③④）

資産（施設）管理のスタートは全体像の把握

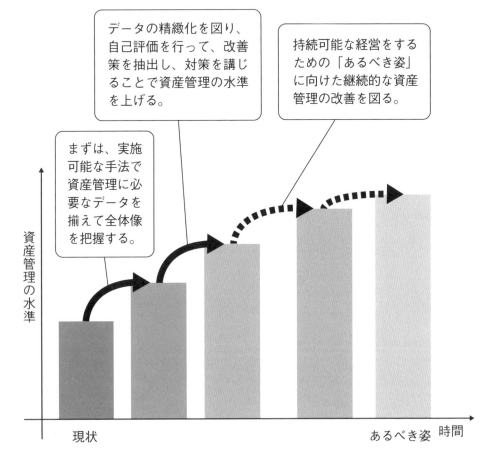

データの精緻化を図り、自己評価を行って、改善策を抽出し、対策を講じることで資産管理の水準を上げる。

持続可能な経営をするための「あるべき姿」に向けた継続的な資産管理の改善を図る。

まずは、実施可能な手法で資産管理に必要なデータを揃えて全体像を把握する。

資産管理の水準

現状

あるべき姿　時間

どちらの意見もわかりますが、まずは皆で資産の全体像をしっかり把握しましょう!

納得いく施設整備がしたい！

お金がこれしかないから、何もできない……。

技術系職員　　　　　事務系職員

「お金がないからできない」ではなく、まずは、一体いくら財源が必要になるのか「把握」する必要があります。

【資産（施設）管理の前提】

　事務系の職員が中心になって策定した資産（施設）管理の計画には、現在の財政状態を前提にできる範囲で立案されたものが見受けられます。

　しかし、取組みのスタートは、所有する資産の状態を的確に把握すること、そして、持続可能な事業を展開していくためには一体いくら財源が必要であるかを把握することであるべきです。

【資産管理の全体像の把握】

　資産管理に必要なデータといっても公営企業によって整備のされ方はバラバラです。詳細なデータが整備され、部品単位で管理されている公営企業もあれば、台帳整備が十分にされず、図面しかない状況の事業も見受けられます。

　台帳整備が不十分な場合は、各年度の決算書から建設・改良費の総額を洗い出す方法があります。まずはできるところから、公営企業がどれぐらいの資産を保有しているかを明らかにしましょう（詳しくは3-7を参照）。

資産（施設）管理は健康診断

**健康行動を
とる**

計画を策定し、
改善に着手する。

**悪いところを
認識する**

個別資産の
状況を認識する。

**健康状態が
わかる**

資産の全体像を
把握する。

**健康診断を
受ける**

組織一丸となって
資産管理に取り組む。

資産管理で全体像を把握する取組みを私たちの生活のイベントに例えると「健康診断を受けること」になります。

資産管理では、全体像を把握する取組みから事業の持続可能性を高める取組みにつなげることが大切です。「資産管理→資産全体の把握→悪いところを認識→改善目標ができる」という流れができると効果的な資産管理が実施できます。

【健康診断（資産管理）の結果を見たら何をするべきか】

よく「資産管理は策定済だから」という話を聞きます。

しかし、健康診断（資産管理）をしたからといって何かが良くなる訳ではなくどんな状態なのかが分かるだけです。

次の健康診断まで何もしないのではなく、健康になるための取組みが必要です。

【健康診断（資産管理）のレベルを意識しよう】

健康診断（資産管理）には、項目があります。最低限の項目で受診するのか、詳細な項目を加えるのか、それは実際の資産管理の場面でも同様です。資産を建物、構築物、機械等の大きな括りで管理するのか、個別の資産ごとに管理するかで、得られる結果は大きく異なります。

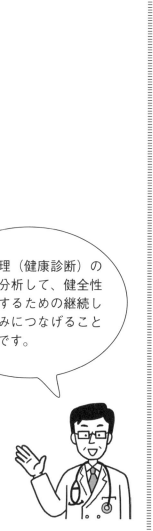

資産管理（健康診断）の結果を分析して、健全性を確保するための継続した取組みにつなげることが大切です。

資産（施設）管理は長期の生涯設計の視点で取り組む

更新に係る投資
の見込み

中期で行う修繕
費用の見込み

定期に必要と
なる補修費用
の見込み

短期間の保守
に係る費用の
見込み

将来のイベントで、
お金がいくら必要に
なるかな…準備して
おかなければ！

【健康診断の次は】

資産管理（健康診断）の次は、長い視点で公営企業の生涯設計をしてみましょう。

公営企業は、多くの資産を有しています。当然、耐用年数がありますし、どの程度使うかという目標も必要になります。そして、更新の時期等を加味しつつ将来のイベントでいくら財源が必要になるかを把握し、それを確保する取組みにつなげることが大切です。

【生涯設計＝経営戦略の策定】

公営企業の生涯設計とも言える経営戦略を策定しても、将来の予測は不確実性を伴います。一定期間で見直しをするサイクルが必要です。事業を継続している限り、資産管理に終わりはありません。

長期の視点では不確実性への対応が大切であり、定期的な見直しが求められます。

55

3-7 資産管理における更新需要の検討タイプ

●水道事業における更新需要の検討タイプ

タイプ1（簡略） 固定資産台帳が ない場合	タイプ2（簡略） 固定資産台帳はある が更新工事と整合が 取れない場合	タイプ3（標準） 更新工事と整合した 資産データがある 場合
年度毎の工事費	工事単位のデータ	個別資産単位のデータ
		個別資産単位のデータ
		個別資産単位のデータ
	工事単位のデータ	個別資産単位のデータ
		個別資産単位のデータ
		個別資産単位のデータ
	工事単位のデータ	個別資産単位のデータ
		個別資産単位のデータ
		個別資産単位のデータ

標準

更新需要を検討
するレベル → 今後必要となる施設
の整備費用を検討す
るレベル

【現在の資産管理のレベルに合わせた更新需要の検討タイプ】

・タイプ1……各年度の建設・改良事業の総額を決算書等から算出するレベルです。

・タイプ2……資産台帳はあるものの年度別のデータが詳細に整備されていない場合、建設・改良事業費と資産台帳をベースに算出するレベルです。

・タイプ3……個別の更新工事ごとに資産台帳が整備されており、それをベースに算定するレベルです。このレベルが標準的な取組みとなります。

・タイプ4……単純更新ではなく、今後の事業の構想や見通しに基づき、整備費用を算出するレベルです。

タイプ4（詳細） 将来の水需要等の推移を踏まえた再構築や施設規模の適正化を考慮した場合
個別資産単位のデータ
~~個別資産単位のデータ~~
個別資産単位のデータ
個別資産単位のデータ
個別資産単位のデータ
~~個別資産単位のデータ~~
個別資産単位のデータ
個別資産単位のデータ
個別資産単位のデータ

更新の可否を判断

目標

厚生労働省健康局水道課「水道事業におけるアセットマネジメント（資産管理）に関する手引き（解説版）」30頁を基に作成

資産管理における財政収支見通しの検討タイプ

●財政収支身見通しの検討レベル

タイプA（簡略）収益的収支、資本的収支、資金収支のいずれも検討できない場合の方法	タイプB（簡略）資本的収支は検討可能であるが、収益的収支が検討できない場合の方法	タイプC（標準）一定条件下で収益的収支、資本的収支、資金収支の検討は可能であるが、更新需要以外の変動要素の検討ができない場合の方法
現在の資産状況を無視して、単純に更新需要の検討タイプの1〜4に出てきた費用に対する近年の投資額（建設改良費）との大小関係だけで財源の過不足を判断します。	資本的収支と資金残高のみを考慮して財源の過不足を判断します。	収益的収支、資本的収支と資金残高（自己資金と企業債残高の収支など）を考慮して財政判断をします。

標準

タイプCの取組みは最低限必要です。注意すべきは、お金を前提に考えるのではなく、「モノ」の状態を的確に把握することが大切だということです。
普通に事業を展開していればタイプCの検討は十分に可能ですので、取組みの目標にはタイプDを設定しましょう。

タイプD（詳細）
種々の経営効率化等の施策が反映されている場合の方法です。

更新需要以外の変動要素を考慮するものです。人口減少による料金収入の減少などはこのタイプで検討します。

目標

厚生労働省健康局水道課「水道事業におけるアセットマネジメント（資産管理）に関する手引き（解説版）」31頁を基に作成

【公営企業あるある】
　「ない袖は振れない」「入るを量りて出ずるを為す」と言うように、地方公共団体では、ともすれば懐事情を前提に物事を考えてしまいがちです。
　そこで公営企業の資産管理について、事務系の職員の皆さんにお伝えしたいことがあります。
「資産管理の基本は、モノの状態を把握することがスタートです！」
　公営企業の資産管理には、財政状況（短期の懐具合）の視点ではなく、中長期的な視点で組織的に取り組む必要があります。

更新需要＋財政収支の検討から期待できる効果

更新需要見通しの検討手法 \ 財政収支見通しの検討手法	タイプA（簡略型）	タイプB（簡略型）
タイプ1　（簡略型）	タイプ1A	タイプ1B
タイプ2　（簡略型）	タイプ2A	タイプ2B
タイプ3　（標準型）	タイプ3A	タイプ3B
タイプ4　（詳細型）	———	———

●資産管理で期待されている効果

（水道事業の例）

施設全体のライフサイクルコストの低減

老朽化に伴う断水事故や地震発生時の被害の軽減

保有している施設の健全性等の適切な評価

利用者や議会等に対する説明責任を果たす

平準化した財源の裏付け・重要度・優先度を踏まえた更新投資

更新需要（3-7）と財政収支（3-8）の検討から、今取り組むべきタイプを見つけます。資産管理は、詳細型のタイプ4Dの方法で行うことが目標です。その先は資産管理をいかに日常の取組みに取り入れるかが課題です。これにより資産管理の効果を高めることにつながります。

タイプC （準備型）	タイプD （詳細型）
タイプ1C	――――――
タイプ2C	――――――
タイプ3C	――――――
	タイプ4D

更新需要タイプ4と財政収支タイプDを合わせた詳細型タイプ4Dでの取組みが目標です。

取組みが詳細になるほど得られる効果は大きくなります。

厚生労働省健康局水道課「水道事業におけるアセットマネジメント（資産管理）に関する手引き」I-24頁を基に作成

【水道事業の取組みレベルの例】
・簡略型……データの未整備な公営企業（水道事業）が更新需要や財政収支の見通しを簡略的な検討手法で算定する際の手法です。更新需要：タイプ1、2、財政収支：タイプA、Bが該当します。
・標準型……公営企業（水道事業）が最低限行うべき更新需要と財政収支の見通しを算定する際の検討手法です。更新需要：タイプ3、財政収支：タイプCが該当します。
・詳細型……将来の水需要動向や適正な資金確保等を勘案して更新需要や財政収支の見通しを算定する際の詳細な検討手法です。更新需要：タイプ4、財政収支：タイプDが該当します。

3-10 資産管理の要素と取組みの流れ

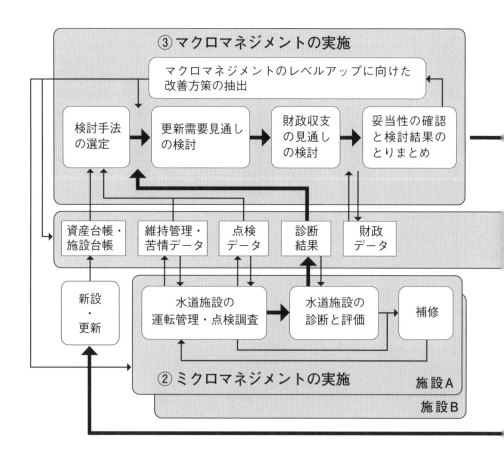

資産管理は、できることから始めて、実務に使えるツールにレベルアップさせていきましょう。また、資産管理に取り組む職員の育成を組織的に考えることも必要です。資産管理の基本的な要素としては、①必要な情報の整備、②ミクロマネジメントの実施、③マクロマネジメントの実施、④更新需要・財政収支見通しの活用があります。

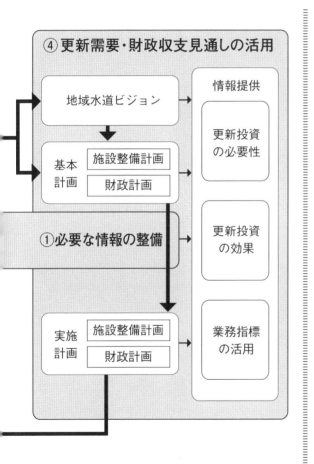

厚生労働省健康局水道課「水道事業におけるアセットマネジメント（資産管理）に関する手引きⅠ-15頁を基に作成

【ミクロマネジメントとは】
　日常的な資産管理を意味します。システム全体として効率的に運転することを目的として行う運転管理と施設や設備が常に正常な状態で運転できるための機能を保持することを目的として行う保全管理に大別されます。

【マクロマネジメントとは】
　ミクロマネジメントで得られた情報をもとに中長期の視点から更新需要や財政収支の見通しを検討するもので、水道施設全体の資産管理を指します。

【はまりがちな落とし穴】
　「取組みに間違いがあってはならない」「完全な内容で策定しなければならない」という姿勢は大切ですが、そこにこだわることで取組みが行き詰まっては本末転倒です。大まかなデータの把握など、できるところから始めて精度を上げ、日々の取組みにつなげることが大切です。

【意識したいこと】
　資産管理の取組みでは、必要な情報の整備とマクロマネジメントの実施など、要素のつながりを意識し、実務に使えるツールに仕上げましょう。

コラム3

資産管理によくある話

【アセットマネジメントが終わった!?】

　アセットマネジメントの研修会で、ある中核市の担当者の「うちは、アセットマネジメントは終わったから」という発言に、「えっ、終わったの？」と耳を疑ってしまいました。有名な都市でもそのレベルの認識なのかと驚いたのですが、よく考えるとあまり不思議ではないことに気づきました。確かに、国が提供したツールへの入力作業を完了することを目的としている公営企業では、「入力の完了＝アセットマネジメントの完了」という認識になってしまうのでしょう。

　また、ある公営企業では、アセットマネジメントへの精緻な取組みを進言する部下に対して、上司が「そんなの真面目に取り組んだって意味がない。とりあえず国が求めている内容に付き合えば良い」と一蹴したケースもあります。

【精度を高める視点】

　アセットマネジメントは、その公営企業の資産の状況を知るためのものであり、いわば健康診断です。状況を知ることは重要ですが、知っただけで悪いところの改善をしなければ、時間の経過とともにさらに状況は悪化してしまいます。

　上に挙げた2つの例は、どちらも「知る」ための最低限の取組みはしていますが、それはアセットマネジメントの最初のステージにすぎません。住民生活を守るためにも是非、次の治療のステージに進んでほしいものです。

　また、健康診断の精度を高める視点も重要になります。細部にわたって検診（分析）を行うことで、より効果的な治療を可能にします。このことは公営企業におけるアセットマネジメントをステップアップさせるための大切な視点になります。

章

「予算と会計」で
理解する
公営企業のカネ

4-1 公営企業会計にする理由を考えよう

公営企業会計のメリット

適切な原価計算に基づく料金を算定することが可能になる

ストックマネジメントやアセットマネジメントの精度が高まる

他の公営企業との比較ができるようになる

広域化や民間活用の場面で財務情報が提供できる

住民に必要不可欠なサービスを提供している公営企業には、持続可能な経営が求められており、さらなる経営改革が期待されています。そのためには、公営企業の見える化が必要であり、特別な理由がない公営企業は原則として官庁会計から、経営状況が握把できる公営企業会計への移行が求められます。

公営企業会計のデメリット

公営企業会計を行うための人材が必要になる

一般会計等に比べて手続きが複雑になる

目的は公営企業会計へ移行することではなく、移行により得られた情報を有効に使うことです。

【メリットの大きい公営企業会計】

公営企業会計への移行は、一般会計等に比べて複雑な手続きが必要になることから最初はデメリットが目立ちますが、公営企業会計に移行するメリットは「適切な原価計算に基づく料金を算定することが可能になる」「ストックマネジメントやアセットマネジメントの精度が高まる」「他の公営企業との比較ができるようになる」「広域化や民間活用の場面で財務情報が提供できる」などとても大きいものです。

【ストックマネジメントとは】

公営企業では主に下水道事業で行われている、「モノ」に特に着目した取組みです。

【アセットマネジメントとは】

公営企業では主に水道事業で行われている、「モノ」「カネ」「人材（組織体制）」まで含む取組みです（詳細は第3章を参照）。

公営企業会計の基本構造

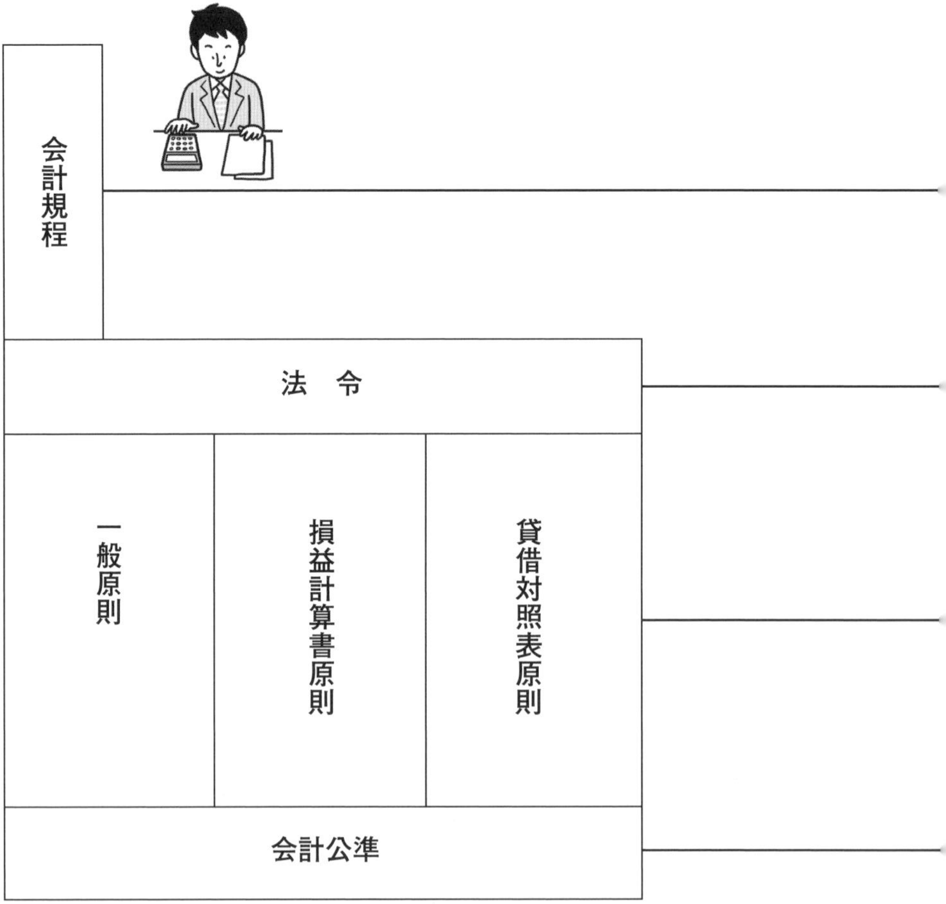

会計規程

法　令

一般原則

損益計算書原則

貸借対照表原則

会計公準

ポイント 公営企業では、資産・負債・資本・収益費用の増減を諸原則に基づき法令や規程どおりに計算し（決算）、書類にまとめます（決算書）。それを理解するためにも、公営企業会計の基本構造を理解することは大切です。また、関係法令に基づいて手続きを行うのは当然のこととして、各公営企業ごとに会計規定（財務規定）を策定し、一定のルールに従った計算整理を行う必要があります。

財務規定

地方公営企業法
地方公営企業法施行令
地方公営企業法施行規則
消費税法等

地方公営企業法第20条第１項
（損益計算書原則）

地方公営企業法第20条第２項
（貸借対照表原則）

地方公営企業法施行令第９条
（一般原則）

企業実態の公準
継続企業の公準
貨幣的評価の公準

池田昭義『監査実務質疑応答集──仕方・受け方のすべて』（1993、学陽書房）154頁を基に作成

【公営企業会計の基本構造】

　公営企業会計の基本構造は、基本的な前提となる会計公準が土台となり、その上に、柱であり基本的な概念に当たる一般原則、損益計算書原則、貸借対照表原則という形で構成されます。

【会計公準とは】

　複式簿記による会計の前提となっているもので、次の３つがあげられます。

・会計実体の公準……会計単位をひとつの対象と捉え、計算・記録・報告においてもこの単位を用いる考え方です。固有名詞を持った会社を単位とすることをイメージするとわかりやすいでしょう。

・会計期間の公準……時間の経過を人為的に一定の期間に区切って、財政状態や経営成績を計算する考え方です。

・貨幣評価の公準……対象となる会計記録を、貨幣額を基準に数値化して行うという考え方です。

公営企業の会計原則

公営企業会計の一般原則	
真実性の原則 （令第9条第1項）	一般原則以外の原則の総括的な位置付けであり、最高規範となります。法令や規程どおりに作成した決算が正しいこと意味します。
正規の簿記の原則 （令第9条第2項）	会計は、全ての取引を（網羅性）、証拠書類により検証可能なかたちで（検証性）、一定のルールに従って秩序正しく（秩序性）行わなければなりません。継続的な記録に基づき誘導的な作成を求める正規の簿記の原則は、計算記録の面から真実性を支える原則です。
資本取引・損益取引区分の原則 （令第9条第3項）	資本取引（資本的収支）と損益取引（収益的収支）とを明確に区分することを求める原則です。これらを混同すると公営企業の財政状態と経営成績を適正に示すことができなくなります。なお、実務では収益的支出の修繕費と資本的支出の改良費、令第21条に関連する費用の扱いに留意する必要があります。
明瞭性の原則 （令第9条第4項）	内容に関する明瞭性に加え、損益計算書等の様式、区分表示、科目の明瞭な分類、系統的配列、総額主義といった形式に関する明瞭性が求められます。表示の面で真実性を支える原則です。
継続性の原則 （令第9条第5項）	採用している会計処理の基準や手続を毎事業年度継続して用い、みだりに変更してはならないことが示されています。主な理由は、財務諸表の期間比較性の確保と恣意的な利益操作の排除のためです。
保守主義（安全性）の原則 （令第9条第6項）	財政に不利な影響を及ぼすおそれがある事態にそなえて健全な会計処理をしなければならないとされており、公営企業会計では具体的な引当金の設定が挙げられます。

公営企業の会計原則は、一般原則、損益計算書（4-4）原則、貸借対照表（4-4）原則がそれぞれ法令（地方公営企業法・地方公営企業法施行令）で規定されているのが特徴です。

【公営企業の会計原則の特徴】

民間企業の会計原則は、企業会計の実務の中で慣習として発達したものの中から一般に公正妥当と認められたところを要約したもので、言いかえると慣習法の性格を持っています。これに対して公営企業の場合は、一般原則、損益計算書原則、貸借対照表原則がそれぞれ法令で規定されているのが特徴です。

【迷う事例と対処法】

実務において迷う例を資本取引・損益取引区分の原則で考えてみます。庁舎入り口の押し扉を、バリアフリーの観点から自動ドアにしました。

支出は収益的支出の修繕費？それとも資本的支出の改良費？

どちらを選択しても財政状態と経営成績に影響します。なお、このような判断に迷う会計処理については、組織独自のルールを作成して判断することが求められます。

表中では公営企業の会計原則のうち一般原則を簡単に説明しています。会計判断に迷ったらこの表に戻って考えてみることが大切です。

予算経理と会計処理を理解しよう

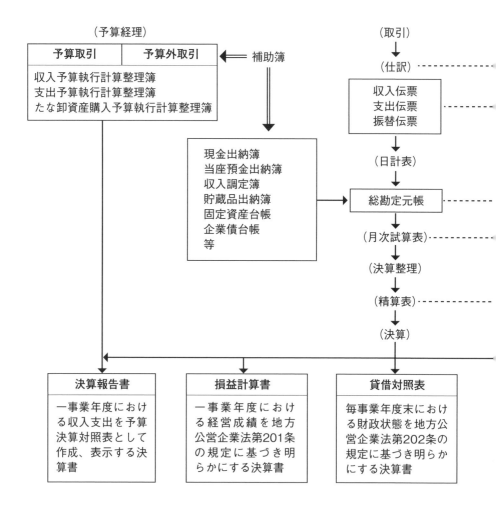

ポイント 公営企業会計の特徴は、予算に対する決算と会計決算の2本だての決算を行うことです。

（会計処理）

会計事実	
収益的収支取引	資本的収支取引

すべての取引の勘定科目別分類記録

すべての取引の勘定科目別集計計算記録

総勘定元帳の勘定記録を集計した一覧表

決算段階での修正手続 未収・未払の計上、減価償却額の計上、 消費税の税抜経理等、 精算表の作成を通じて行われる

剰余金計算書	剰余金処分計算書
一事業年度における貸借対照表の剰余金の増減明細を記載する決算書	毎事業年度末における未処分利益剰余金の処分に関する決算書

池田昭義『監査実務質疑応答集──仕方・受け方のすべて』(1993、学陽書房) 163～165頁を基に作成

【公営企業会計と一般会計の違い】

　公営企業会計と一般会計等の違いは、一般会計等では歳入歳出予算に対する決算を行うのみですが、公営企業会計では予算決算に加えて損益計算書や貸借対照表等を作成する会計決算が行われることです。

【会計決算と予算決算】

　公営企業会計は、損益計算書や貸借対照表等を作成する会計決算と決算報告書を作成する予算決算が行われます。

　一方、民間の企業会計では、会計決算のみが行われます。もちろん、民間企業にも予算はありますが、あくまでそれぞれの企業の経営管理として行われるもので、公営企業のように制度として行われるものと大きな違いがあります。

企業会計の使い道を理解しよう

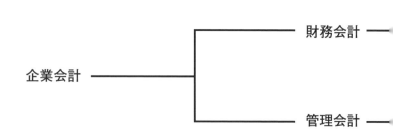

企業会計 ──── 財務会計 ──
         └─── 管理会計 ──

【財務会計】
外部の利害関係者に対し、財務諸表を中心とする会計情報を、提供するために行う会計

議会　　　　　　住民　　　　民間企業など

企業会計は、財務会計と管理会計に分類することができます。決算書を作成するための業務は財務会計、経営分析は管理会計にあたります。違いを理解し、どちらも精度を高めていきましょう。

公営企業の場合、会計原則は法令に規定されているので、財務会計においてもそれに基づく客観性が求められます。

公営企業の内部で活用するための会計であり、いくつかの要素がありますが、公営企業で一般的に行われているものに経営分析があります。

【管理会計】
内部の利用者である経営者や企業内部の管理者に対し、経営管理を行うための情報を提供するために行う会計

管理者　　　　　公営企業内部

【企業会計の機能】
　企業会計には、当該企業の活動を「記録」「測定」し、それを財務諸表で利用者に「伝達」する機能があります。

【財務会計と管理会計】
　外部の利害関係者に対して提供する財務会計は、地方公営企業法第20条に規定される内容です。
　一方、管理会計は、管理者が経営管理を行うための情報を提供するための会計です。地方公営企業法第7条の2第7項では、管理者が罷免される要件が規定されていますが、その要件のひとつに「管理者の業務の執行が適当でないため経営の状況が悪化したと認める場合」とあります。
　管理者は、公営企業の適切な経営計画を策定し、統制していくためにも管理会計を充実させる必要があります。

予算が決定するまでのプロセス

予算主管課・担当者　　　　管理者　　　　首長

各部署の予算要求を
査定し、予算案を作
成して管理者に提出

最終的な予算原案を
作成し、首長に提出

他の会計の予算
と合わせて調製
して議会に提出

官庁会計の
予算案

公営企業会計の収益的収入
及び支出予算案

歳入　歳出

均衡

収益的
収入　収益的
支出

均衡しない

公営企業の予算について、調製権と議会への提案権は首長が持っていますが、首長は管理者が作成した予算の原案を尊重する必要があります。また、予算案の内容は、官庁会計と公営企業会計とで異なることにも注意が必要です。

議会

提出された予算は、
議決を受けて成立

予算の編成にあたっては地方公営企業の経営の基本原則である「経済性:企業としての経済性の発揮」「公共性：公共の福祉の増進」に基づいて作成する必要があります。

【各予算のポイント】

　官庁会計の予算は、支出に当たる歳出に重心が置かれています。一方で公営企業の予算は、予算にあげられた業務の予定を実行するための収入と支出がどのようになっているのかがポイントになります。

【官庁会計と企業会計の予算編成の違い】

　官庁会計は歳入と歳出が均衡した予算が作成されますが、公営企業会計の場合、あらかじめ収入と支出を均衡させるような予算編成は行われません。

　官公庁の会計は限られた歳入を限度として歳出予算を配分するため、歳入と歳出が均衡した予算となりますが、公営企業の予算は、企業の経済性を発揮するべく、料金収入等の事業収益とそれを得るために支出した事業費で構成されることから基本的に収支が均衡した予算にはなりません。

4-7 予算の全体像を把握しよう

別記第1号 様式	予算の項目
第1条	総則
第2条	業務の予定量
第3条	収益的収入及び支出（予定収入及び予定支出の金額）
第4条	資本的収入及び支出（予定収入及び予定支出の金額）
第5条	継続費
第6条	債務負担行為
第7条	企業債
第8第	一時借入金
第9条	予定支出の各項の経費の金額の流用
第10条	議会の議決を経なければ流用することのできない経費
第11条	他会計からの補助金
第12条	利益剰余金の処分
第13条	たな卸資産購入限度額
第14条	重要な資産の取得及び処分

予算書を見る場合、予定収入及び予定支出の金額だけではなく、全体像を把握することが大切です。予算案の様式や予算の実施計画は法令（地方公営企業法施行規則）に定められています。

地方公営企業法施行規則別記第1号

別記第一号（第四十五条関係）

予 算 様 式

（収益的収入及び支出）

第3条 収益的収入及び支出の予定額は、次のとおりと定める。

収　　　入

第1款	事業収益	千円
第1項	営業収益	千円
第2項	営業外収益	千円
第3項	特別利益	千円

支　　　出

第1款	事業費	千円
第1項	営業費用	千円
第2項	営業外費用	千円
第3項	特別損失	千円
第4項	予備費	千円

（資本的収入及び支出）

第4条 資本的収入及び支出の予定額は、次のとおりと定める（資本的収入額が資本的支出額に対し不足する額何千円は当年度分損益勘定留保資金何千円、繰越（又は当年度）利益剰余金処分額何千円及び何々何千円で補てんするものとする。）。

収　　　入

第1款	資本的収入	千円
第1項	企業債	千円
第2項	出資金	千円
第3項	他会計からの長期借入金	千円
第4項	固定資産売却代金	千円
第5項	何々	千円

支　　　出

第1款	資本的支出	千円
第1項	建設改良費	千円
第2項	企業債償還金	千円
第3項	他会計からの長期借入金償還金	千円
第4項	何々	千円

【予算に関する説明書を作成するにあたって】

　予算を提出する際、予算の実施計画や予定キャッシュ・フロー計算書等を作成する必要があります（地方公営企業法施行令第17条の2第1項各号）。必要になる項目は地方公営企業法施行令で確認しましょう。

【初任者の困惑】

　公営企業に異動したばかりの頃、「3条予算？4条予算？」と初めて聞く用語に戸惑い、こっそり地方公営企業法を確認したら経営の基本原則と地方公営企業の設置が規定されており、さらに困惑してしまった、なんていうのはよく聞く話です。

　地方公営企業法施行規則第45条（予算の様式）で、予算の様式は別記第1号様式に準ずるものと規定されており、3条予算、4条予算とは、その様式で規定されている第3条（収益的収入及び支出）、第4条（資本的収入及び支出）を指しています。

決算担当者のスケジュール

決算書作成のステージ

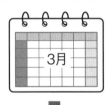

3月

・減価償却費の計算
・固定資産の除却費の計算
・未収金、未払金の計算
・実地たな卸し
・新年度の帳簿の準備

4月

・各帳簿の仮締切り
・試算表の作成
・決算整理仕訳の事項の確定
・精算表の作成
・決算書類、決算附属書類の完成
・一連のプロセスを確認、本締切

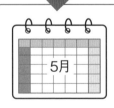

5月

・決算書類の校正
・決算書類の印刷
・管理者が決算を監査委員の審査及び
　議会の認定に付すための準備

【新任決算担当者へのアドバイス】

　地方公務員の人事異動は4月1日です。「一般会計の担当から突然、企業会計の担当になってしまい、何をしたら良いのかわからない」というのはよくある話です。

　決算は公営企業にとって重要な事務なので、遅滞なく進めるためにも何をすれば良いのかや決算の作業日程を理解しておくことが大切です。

　経営分析においては、総務省が公表する経営指標の経年比較や他企業との比較をまとめた「経営比較分析表」を積極的に活用するとともに、独自の視点で必要な分析を行うことが大切です。

経営分析ステージ

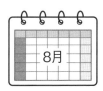

8月

・経営比較分析表を活用分析
・管理会計による独自の分析
・改善案の検討
（改善策を次年度予算に反映）

決算議会に向けた準備完了

コラム4

簿記ができれば良いわけではない

【異動してすぐに決算担当になってしまった】

　4月1日の定期人事異動で税務課の住民税担当から公営企業（水道事業）部局の会計担当となった筆者は、当時、眠れぬ4月と5月を過ごしました。小規模な地方公共団体に所属する公営企業でしたので、一子相伝のように会計担当が引き継がれていました。しかし、一子相伝と言っても前任者も忙しいため、実際はわからないポイントのみを教えてもらい、残りは独学で勉強するしかありませんでした。

　筆者は、簿記検定の資格をもっていたので、根拠のない自信がどこかにあったのですが、いざやってみると、公営企業の予算経理と会計処理の仕組みを知らないために大苦戦をしてしまいました。実際の公営企業会計では、検定試験のように容易に財務諸表の作成に繋げることができなかったのです。

　また、消費税の計算では特定収入に係る課税仕入れ等の税額の計算などに本当に苦労しました。

　あれから何年か経ち、会計担当には少なくとも簿記の知識、予算経理の知識、会計の知識、消費税の知識が求められることに気づきました。そんなにたくさんの知識が必要とは、苦労するはずです……。

【会計情報を経営改革のツールにする】

　実際には、一連の手続きの多くは会計システムから入力した結果としてアウトプットされます。

　それが正しいのか、何を意味しているのかを理解することがファーストステップ、その情報を経営改革のツールとして使えるかがその次のステップとなります。

5 章

「情報とコミュニケーション」
で理解する
公営企業と住民の関係

公営企業の広報

● 公営企業は行政と住民との関係を構築する窓口

関係構築の段階	住民の市への印象
ファン獲得のチャンスがある段階	○○市（の公営企業）って、すごく良い！
日頃からの努力があり、行政からの働きかけが可能な段階	○○市（の公営企業）って、まあまあ良い。
残念な状況からの関係構築	○○市（の公営企業）って、イメージより対応が悪い……。
ほぼ期待できない最悪な状態からの関係構築	○○市（の公営企業）って、最悪！

良い関係 ↑

残念な関係 ↓

公営企業は住民サービスの最前線であり、住民と地方公共団体の関係性を構築する窓口と言えます。公営企業に対する理解を得るためのコミュニケーションの構図を理解し、日頃の業務に活かすことが求められます。

●コミュニケーションの分類

	公営企業の職員が知っている	公営企業の職員が知らない
住民が知っている	①広報紙やHPでのお知らせ	③住民ニーズを知るための住民参加
住民が知らない	②広報紙やHPでのお知らせ	④互いを知り、理解するための合意形成

①②は広報紙やHPでの情報提供、③は住民参加、④は合意形成のレベルと言えます。一般的な公営企業の広報は①②のコミュニケーションレベルにとどまりますが、公営企業への理解を深めオーナー意識の醸成を図るには③④への深化が必要です。

【公営企業＝住民と行政の関係構築の最前線】

　公営企業は住民に必要不可欠なサービスを提供していることから、住民との良好な関係を構築する最前線と言えます。

　最初の印象は、関係性構築のスタートラインを決め、その後の関係性に大きく影響します。

住民とのコミュニケーション①
理解を得る

| 公営企業はあって当たり前サービスの提供も当たり前 | → | 通常時、意識されない・関心を持たれない | → | 効果が実感しにくい政策は理解されにくい | → |

【水道事業の例】

| 蛇口をひねれば水道水が出る。 | あって当たり前のサービス。 | 耐震化や老朽管の更新をしても、普段その効果を実感しにくい。 |

地方公務員法101問
〈第4次改訂版〉

地方公務員昇任試験問題研究会［編著］
定価＝税込2,090円／四六判・216頁／2022年1月刊

**初学者向け問題集として、初版刊行以来
26年を超えるロングセラー！**

必須の101問を厳選収録した定本！ 令和3年公布の役職定年制度の
導入・地方公務員の定年延長に伴う法改正に対応。

これで完璧
地方公務員法200問
〈第4次改訂版〉

地方公務員昇任試験問題研究会［編著］
定価＝税込2,530円／四六判・216頁／2021年12月刊

**基礎から応用まで、出題範囲を十分に
カバーする200問を体系的に収録！**

本番までにしっかりと問題をこなしたい受験者のための問題集。地方
公務員の定年延長に係る法改正に対応した新版。

この問題が出る!
地方公務員法スピード攻略
〈第1次改訂版〉

地方公務員昇任試験問題研究会［著］
定価＝税込2,200円／四六判・186頁／2022年1月刊

厳選問題と重要ポイント解説で一気に学べる！

「これが出る！」という問題を厳選した短期学習向けの問題集。役職
定年制度、定年延長等に伴う法改正に対応。

「完全整理」シリーズ

地方公務員昇任試験問題研究会[編著]

歴代の合格者が勧める参考書の決定版。
法律が苦手な初学者にオススメ

完全整理 図表でわかる
地方自治法
〈第5次改訂版〉

定価＝税込2,750円／A5判・224頁／2018年7月刊

完全整理 図表でわかる
地方公務員法
〈第3次改訂版〉

電子書籍
あり

定価＝税込2,640円／A5判・208頁／2021年10月刊

「これで完璧」シリーズ

地方公務員昇任試験問題研究会[編著]

択一対策の切り札！
多くの問題を解きたい方にオススメ

これで完璧
地方自治法250問
〈第5次改訂版〉

定価＝税込2,640円／四六判・268頁／2018年2月刊

これで完璧
地方公務員法200問
〈第4次改訂版〉

定価＝税込2,530円／四六判・216頁／2021年12月刊

公営企業の想いだけではビジョンを達成できない

政策をするためには住民の理解や納得が不可欠

水道事業の持続的な経営や耐震化、老朽管の更新のための水道料金の値上げに賛同が得られない。

コミュニケーションを通じて、耐震化や料金値上げの理解を得たり、住民の想いを把握したりする。

【究極の整備のその後】

　公営企業の事業の中でも、特に水道事業は、通常時、意識されない、あるいは関心のない存在となるまで整備が進められてきました。ある意味、究極の整備がなされたことを意味します。

　一方、老朽管の更新や耐震化といった、住民がその成果を実感しにくい政策は理解され難く、当然、水道料金の値上げも簡単に理解してもらえるものではありません。公営企業の想いだけではビジョンを達成できないのです。

87

住民とのコミュニケーション②
外部要因に適応する

内部の要因（いかに解決していくか）

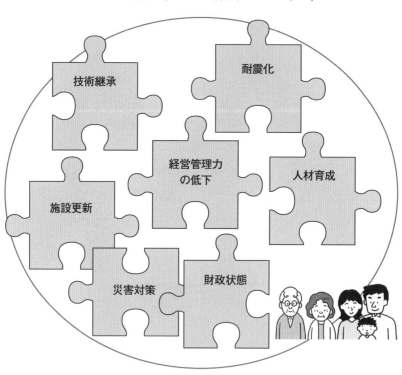

公営企業はこれまで様々な計画を策定し、事業の内部の取組みを強化してきました。人口減少に伴い社会構造が大きく変化する中で、事業に外部から影響を与える要因となる住民との関係を、いかに構築していくのかが問われています。

外部の要因 （いかに適応していくか）

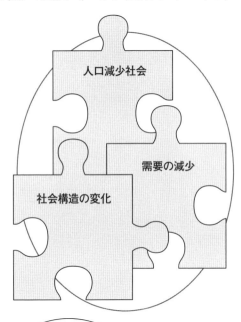

人口減少社会

需要の減少

社会構造の変化

公営企業が信頼される存在になっていくために、日々の事業の積み重ね、そしてコミュニケーションの積み重ねといった取組みが求められます。

【これから目を向けるべき問題】

これまで公営企業は、様々な計画を策定し課題に対処してきました。その多くは、内部に要因がありました。

人口減少社会になり、社会構造が大きく変化する中で、公営企業には外部の要因にいかに適応していくかが問われています。

5-4 住民とのコミュニケーション③ 納得解を得る

● 水道普及率の推移から見える公営企業に求められることの変化

普及拡大（右肩上がり）の時代	維持管理・再構築の時代
・何も気にしなくても良かった時代 ・仕事に正解があった時代	・仕事に納得解が必要な時代 ・住民だけではなく、組織内での納得解も重要

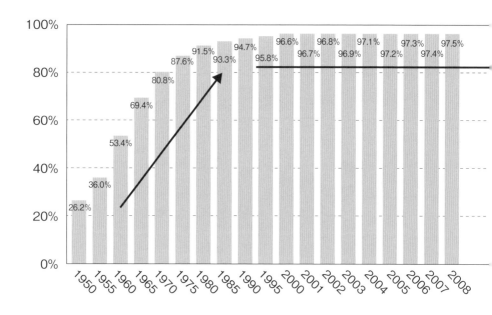

成熟したサービスを提供している現在の公営企業には、そのサービスを維持するための納得解が求められています。「サービスを拡大すればいい」という仕事に正解があった時代のコミュニケーションの手法ではなく、状況に応じた手法を用いる必要があります。

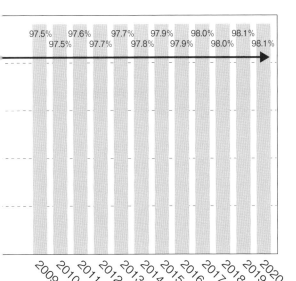

97.5%　97.6%　　97.7%　97.9%　98.0%　98.1%
　97.5%　97.7%　97.8%　97.9%　98.0%　98.1%

2009 2010 2011 2012 2013 2014 2015 2016 2017 2018 2019 2020 年度

厚生労働省「水道の基本統計」資料（令和2年度）を基に作成

【普及拡大の時代】

国の国民皆水道を実現するという政策により、水道の普及率は急速に高まりました。当時の住民のニーズは「水道を使用したい」であり、公営企業の仕事は水を使えるように整備することでした。そして、公営企業の仕事の成果は、最終的に住民のニーズを満たしました。そういう意味では、公営企業の仕事に「正解があった時代」あるいは「何も気にしなくても良かった時代」と言えます。

【維持管理・再構築の時代】

一方、災害に強いインフラにするための耐震化や老朽管の更新をどのように進めるかなどの議論は、料金改定の是非の議論につながります。また、公営企業の広域化を検討していく場合も、その是非や範囲を考えなければいけません。このように、正解がない課題に対応しなければならないのです。そのためにも、住民を巻き込んだ議論は避けて通れません。その意味で、公営企業の仕事には「納得解」が求められています。

5-5 住民は「お客様」? それとも「オーナー」?

住民

お客様

サービスを提供する

オーナー

関心を寄せる

多くの水道事業では、給水契約を結んだ住民を「お客様」と位置付けています。

新水道ビジョンでは、住民に対して「地域の水道を支えるオーナーとしての意識」を求めています。

公営企業にとって住民は「お客様」であり「オーナー」でもあります。公営企業が一方的に住民をお客様と位置付けるのは簡単ですが、住民にオーナーとしての意識を持ってもらうのは大変なことです。

【公営企業と民間企業の「お客様」の違い】

　代表的な公営企業の水道事業の形態は、地域独占的な事業形態です。例えば、A市の住民は他の地方公共団体の水道を自由に選択して給水契約をすることはできません。お客様であっても契約相手を選べないのです。

【公営企業の説明責任】

　公営企業には、住民が「お客様」の立場であれ「オーナー」の立場であれ、料金の妥当性や経営内容について積極的に説明する責任があります。

　人口減少の中で厳しい経営環境にある公営企業は、これまでに増して事業に対する住民の理解と納得、そして信頼を得ることが求められています。

三すくみの構造を回避する

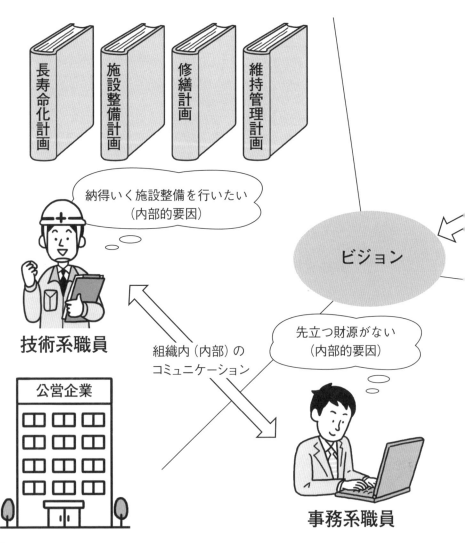

住民、公営企業の職員（事務系・技術系）のそれぞれの意識が異なるため、みんなが納得できるビジョンが必要です。そして、三者が張り合わず、共通のビジョンに向かって共に取り組むためのコミュニケーションが重要になります。

公営企業のサービスはあって当たり前
（外部的要因）

＝
普段、意識されない

住民

住民（外部）
とのコミュニ
ケーション

財政計画

業務改善計画

資金計画

経営戦略

【共通したビジョンを持つ】

　公営企業のサービスを利用している住民の意識、公営企業の職務の異なる職員の意識はそれぞれ異なります。そのため、公営企業のサービスのあるべき姿について、住民、職員が共に納得できるビジョンを持つことが重要です。

　組織内でコミュニケーションをとりながらそれぞれの計画や戦略の整合性をはかることも、ビジョンの共有のために大切です。

【住民とのビジョンの共有のために】

　公営企業が作成する「経営戦略」でも、普段公営企業のサービスを意識していない住民とビジョンを共有していくための取組み（コミュニケーションのあり方）を包含した事業を展開することを明記する必要があります。

5-7 コミュニケーションの種類と特徴

●公営企業が主に活用するコミュニケーションの方法

分　　　　類		手　　法
既存コンテンツ型	情報発信（アナログ型）	広報誌
		パンフレット
		ポスター
		屋外サイン・掲示板
	情報発信（デジタル型）	ホームページ
		メールマガジン
		SNS
場の提供・創出型	目的に対する直接的コミュニケーション型	公聴会
		審議会・委員会
		協議会
		シンポジウム
		ワークショップ
		アウトリーチ
		アンケート
		パブリックコメント
		相談窓口
	目的に対する間接的コミュニケーション型	コンクール
		防災訓練

住民とコミュニケーションを図るための手法は数多くありますが、ここでは一部を紹介しています。目的に応じて対象範囲、双方向性、周知や理解の深さ等を考えつつ、内容の充実を図っていくことが大切です。

対象範囲	双方向性	周知・理解の深さ
中	小	中～深
小	小	浅～中
中	無	浅
中	無	浅
大	大	中～深
中	大	浅
大	大	浅～中
中	大	中～深
小	大	深
小	大	深
中	小	中～深
小	大	深
中	大	中
中	大	中
大	大	深
小	大	深
中	小	浅
小	小	中

財団法人水道技術センター「持続可能な水道サービスのための浄水技術に関する研究（Aqua 10共同研究）成果報告書（2/4）」を基に作成

【最適な方法を考える】

「既存コンテンツ型」においては、従来から公営企業で行われている情報発信の方法がアナログ型とデジタル型に分類されます。多くの公営企業では、広報を専門に行う部署が設置されておらず、他の業務と兼務するかたちで行われているのが現状です。その結果、前例にならって情報発信がなされ、それ自体が目的になっているケースが見られます。しかし、コミュニケーションの重要性や費用対効果を考えると、内容の充実は必要不可欠です。

また、「場の提供・創出型」には、料金改定の審議会のようにある目的があり、そのために場が設けられる「目的に対する直接的コミュニケーション型」、ポスターコンクールのように出展してもらうことで間接的に目的を考えてもらう「目的に対する間接的コミュニケーション型」の2つの手法があります。

目的により、どの手法を選択するか、あるいは組み合わせるか、最適を考えることが大切です。

5-8 押し付けコミュニケーションから卒業しよう

● 効果がない押しつけコミュニケーション

公営企業

| 難しいことを詳細に伝える |

| 住民の関心がないことを膨大に伝える |

| 知らせたいことを伝える |

● 望ましいコミュニケーションの基本型

公営企業

| 対面での双方向コミュニケーション |

| 知りたい情報にいつでもアクセスできる |

| 住民に必要な情報をわかりやすく伝える |

これからの公営企業における広報は、「住民との双方向コミュニケーションを通じて、良好な関係を構築し、それを維持・継続しながら発展させていく活動」と定義できます。

住民

住民

【脱・押しつけコミュニケーション】

広報というとまっ先に思いつくのは、広報誌かホームページではないでしょうか。どちらにしても、情報の送り手側の目線で伝えたい情報だけを発信しているケースが圧倒的に多いのが現実です。情報の受け手を意識し、押し付けコミュニケーションにならないように内容を改善していくことが大切です。

【双方向のコミュニケーション実現のために】

双方向のコミュニケーションを行うための手段は数多くあります（5-7参照）。例えば、同じ情報発信でも、ポスターでは注意喚起に留まりますが、SNSでは投稿に対する「いいね」やコメントを得られるなど、多方向のコミュニケーションが可能です。その組織において広報を行うことで達成したい目的は何なのかを明確にし、望ましいコミュニケーションの基本型から発展させていくことが大切です。

公営企業における住民参加

●代表的な住民参加の目的

公営企業のビ ジョンを策定 するため	住民のニーズ を的確に把握 するため	公営企業を 取り巻く課 題に対応す るため

合意形成

●代表的な住民参加の手法

アンケート 調査	パブリック コメント	委員会 審議会

●住民参加について現場が抱える課題

参加者の減少

料金改定の際の言い訳

参加者の固定化

住民参加の目的化

ポイント 住民参加は、住民との双方向コミュニケーションを通じてニーズを捉えた政策を考えたり課題に対する共通意識を持てたりするなどの効果が期待できます。しかし、住民参加を行うことが目的となるような取組みは住民からの信頼を失いかねません。住民参加はあくまで手段です。

事業の優先順位を明確化するため

地域の特性に応じた公営企業経営をするため

公営企業が行うワークショップ

市民会議

【住民参加の現実】

　住民参加の実際は、参加者の減少や固定化と行った問題を抱えています。また、住民参加は、関心のある施策や利害関係にある施策について行われる場合が多く、普段意識されない公営企業が住民参加を行う場合は難しさを伴います。

【住民参加の形骸化】

　一方、住民参加を求める公営企業の側の姿勢にも問題があります。例えば、料金改定の際に「一応、住民の意見を聞いています」と言い訳にしたり、住民参加そのものが目的化したりするなど形骸化が指摘されています。

　じっくり時間をかけて理解を深めてもらう住民参加もあれば、短期間で意見を集約するような住民参加もあります。いずれの場合においても、何のために住民と双方向のコミュニケーションを行うのか原点に立ち返ることが大切です。

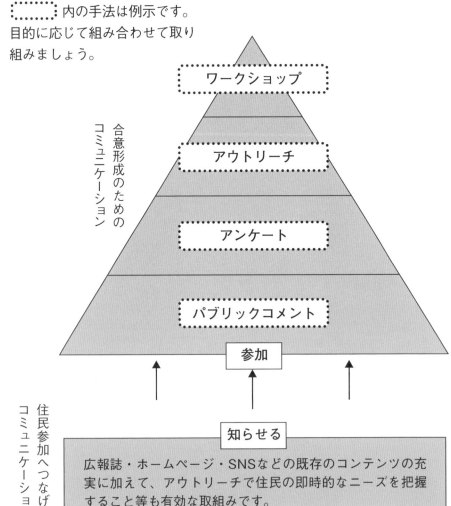

::::::::: 内の手法は例示です。目的に応じて組み合わせて取り組みましょう。

ワークショップ

アウトリーチ

アンケート

パブリックコメント

合意形成のためのコミュニケーション

参加

知らせる

住民参加へつなげるコミュニケーション

広報誌・ホームページ・SNSなどの既存のコンテンツの充実に加えて、アウトリーチで住民の即時的なニーズを把握すること等も有効な取組みです。

重層的住民参加は、「知らせる→参加→合意形成」という流れの中で、住民も公営企業も成長するための取組みです。重層的住民参加の手法を用いて、オーナーとしての意識を持つ住民を増やしていくことは、まちづくりにおける当事者意識を持つ住民を増やすことにつながり、とても重要です。

【重層的住民参加でオーナーを育成する】

　住民参加の特徴のひとつに、関心のある少数派の意見が反映されやすく、声なき多数派の意見が反映されにくいということがあげられます。

　住民参加にはたくさんの手法があるので、目的に応じ、かつ重層的に取り組むことで住民と様々な双方向コミュニケーションを図りましょう。

　住民とのコミュニケーションを通じて、「オーナーとしての意識を持つ住民」を増やしていくことは、最終的に、公営企業の持続可能性を考えるうえで重要な視点になります。

オーナーとしての意識を持つ住民

公営企業の理解者となる住民

公営企業に関心を持つ住民

公営企業を意識する住民

公営企業を普段、意識していない住民

住民との双方向コミュニケーションが必要な訳

【問われる双方向コミュニケーション】

　新水道ビジョンでは、水道サービスを利用する住民との積極的なコミュニケーションを図り、住民の理解と協力を得て方策に取り組む必要性に言及しています。また、関係者の役割分担として、住民の役割を「地域の水道を支えるオーナーとも言える意識を持ち、水道事業者とのコミュニケーションを確保すること」としています。

　これまでの水道行政における総合政策提言等を紐解いてみても、住民の役割が具体的に示されたのは初めてのことであり、水道事業を取り巻く環境が大きく変化していることの表れといえるでしょう。

　一方、水道サービスが充実するにつれて生まれる前から水道がある、水道はあって当たり前という認識の人が増える中で、そういった住民といかにして連携を図るか、あるいはその先にある住民参加や合意形成を視野に入れた関係性をどのように構築していくのかが水道事業の課題となっており、現場では「広報」や「双方向コミュニケーション」のあり方が問われています。

【古くて新しい課題】

　このことからも、まさに「現代は広報の時代であり、パブリック・リレーションズ（ＰＲ）の時代である」といえるでしょう。

　しかし、これは『行政広報論』（井出嘉憲、勁草書房）という著作の中で1967年に指摘されたものです。この指摘が当時から色褪せることなく今日的な課題としても首肯できるということは、単に古くて新しい問題と言い換えることもできますが、世界に例のない急激な人口減少社会に突入している今、水道事業のみならず公営企業全てが取り組むべき共通の課題として認識する必要があります。

6章

公営企業の改革と
経営の戦略
〜持続可能な経営を目指す〜

6-1 公営企業の経営戦略とは

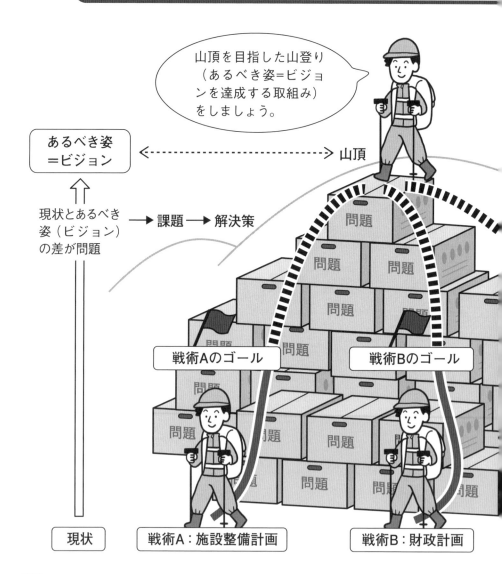

公営企業の経営戦略とは、ビジョンや、それに到達するための戦略をまとめたものです。公営企業によって課題は異なります。また、目指すビジョンも異なります。経営戦略は、独自の必要性に応じて、能動的に策定することが大切です。

【能動的な経営戦略が重要】

　公営企業の現場には「ビジョン」「基本計画」「事業計画」など様々な方針が存在します。しかし、その多くは国の求めに応じて策定したものです。現在、同様に「経営戦略」の策定が求められていますが、受動的に取り組むのでは、またひとつ戦術レベルの取組みが増えるだけです。

　本来、経営戦略とは、あるべき姿（ビジョン）を実現するためのシナリオであり、問題の解決手段をまとめたもの、すなわち必要性に応じて能動的に策定するものです。

　経営戦略を、諸計画の個別最適を全体最適の視点でつなぎ合わせるためのツールとすることが大切です。

戦術Ａ・Ｂ・Ｃのゴールは山頂を目指していない山登り（それぞれの問題のみに対処しただけの取組み）。

戦術Ｃのゴール

問題

戦術Ｃ：修繕計画

経営戦略の策定・見直しの視点①
人口減少と公営企業の経営

●長期の人口推計

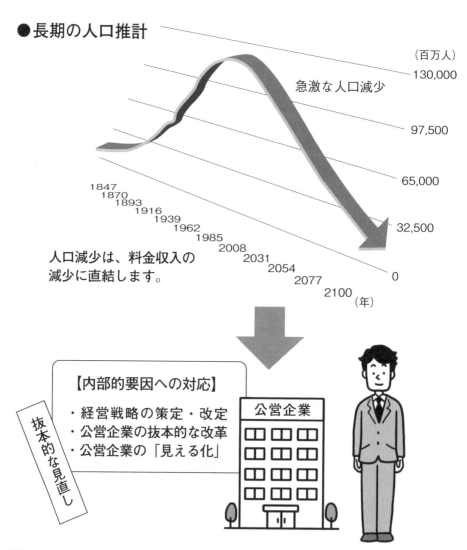

（百万人）
130,000

急激な人口減少

97,500

65,000

1847
1870
1893
1916
1939
1962
1985
2008
2031
2054
2077
2100 （年）

32,500

0

人口減少は、料金収入の
減少に直結します。

【内部的要因への対応】

・経営戦略の策定・改定
・公営企業の抜本的な改革
・公営企業の「見える化」

抜本的な見直し

公営企業

人口減少は料金収入の減少に直結します。地域の必要性に応じた持続可能な経営の確保に向けた改革が「待ったなし」の状況にあります。

【経営戦略の策定・改定】

　経営戦略の策定を進めるとともに、必要に応じてその質を高めるための改定を進める必要があります。

【公営企業の抜本的な改革】

　事業そのものの意義、提供しているサービス自体の必要性、そして、事業の持続可能性を検証し、広域化の推進や民間活用の推進をしていくことが求められています。

【公営企業の「見える化」】

　公営企業の経営成績や財政状態を明らかにするため、企業会計のさらなる適用、経営比較分析表の積極的な活用が求められています。

【公営企業に対する住民の理解促進】

　住民は、公営企業の利用者であるとともに、オーナーとしての一面をも持ち合わせています。納得して料金等を支払ってもらう意識に加え、オーナーとして公営企業に責任を持つという意識を醸成する取組みも必要となります。

【外部的要因への対応】

公営企業に対する
住民の理解促進

・人口減少が公営企業の経営に
　及ぼす影響について情報共有
・公営企業の将来ビジョンについ
　いての合意形成

経営戦略の策定・見直しの視点②
制度的特徴と事業の特性

水道事業の制度的特徴

- ・公営主義
- ・多数の事業が存在する
- ・事業規模のバラツキがある
- ・直営形態
- ・公的独占
- ・料金の内々格差がある

など

水道の事業特性

- ・自然の循環の中の水を利用する
- ・行政との一体性がある
- ・「規模の経済」
- ・ネットワークの一体的な調整が必要となる

など

制度的特徴は、制度の改正や政策の方向性によって変化する

事業特性の条件は、経営主体や運営主体の公営・民営にかかわらず一緒

公営企業の抜本的な改革を行う際の留意点

①当該地域の現状把握
②当該地域の将来予測
③制度的特徴への対応を検討
④事業特性への適応策を検討
⑤実現可能性の検討
⑥実現までの時間を考慮した内部改善の推進

佐々木弘「わが国の水道事業改革の方向性」『公営企業』398号
（一般財団 地方財務協会、2002年5月）を基に作成

各事業が持つ制度的特徴は、制度改正や政策の方向性により変化します。また、事業の特性は、誰がどう運営しても変わりません。つまり、民間企業も同様の悩みを抱えているということです。民間に委託をしただけでは解決できないことに注意が必要です。

経営戦略の策定、見直しに当たって広域化や民間的経営手法の活用をする際、制度的特徴や事業の特性をよく検討して方向性を決める必要があります。

【制度的特徴と事業の特性】

　例えば、水道事業では広域化の方向性が打ち出されており、それが実現した場合、事業数は減少し、規模のバラツキも解消され、水道料金の内々格差も緩和されるでしょう。このように制度的特徴は、制度や方向性が変わることで変化します。

　一方、水道という事業の特性は、公営企業、民間企業等誰がどう運営しても変わりません。

【規模の経済】

　「規模の経済」とは、事業の規模が大きくなることで単位当たりのコストが下がることをいいます。様々な要因が関係するので一概には言えませんが、広域化などが進み事業規模が大きくなるとコストが下がることをイメージしてください。

　一方、規模の経済は、人口減少の影響や地方における広域化においては必ずしもあてはまらない場合があります。

　制度的特徴や事業の特性に加えて地域の特性もよく考えることが大切です。

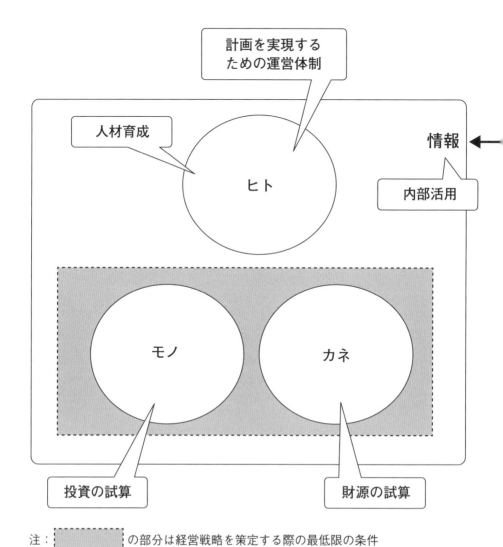

注：□□□□□□の部分は経営戦略を策定する際の最低限の条件

経営戦略を、公営企業のビジョンを達成するためのツールとし、ヒト、モノ、カネ、情報を核とした全ての経営資源に着目して経営戦略を考えましょう。全ての経営資源を対象とすることで、職員全員が関係する組織をあげた取組みをすることが可能になります。

広報・公聴

住民

情報は、広報・公聴の取組みとして外部に対して活用する場面と、改善策の検討などのため内部で活用する場面があります。

【経営資源の活用がカギ】

　経営戦略は、公営企業が将来にわたって安定的に事業を継続していくための中長期的な経営の基本計画に位置付けられます。

　経営戦略の策定や改定に当たっては、投資の試算や財源の試算は当然のこととして、ヒト・モノ・カネ・情報といった経営資源をいかに活用し、公営企業のビジョンを達成するためのツールとするかがポイントです。

【情報を「資源」にする】

　現場では部署ごとに情報管理がまちまちで、使える情報になっていないケースが見受けられます。公営企業においてもデジタル化とデータ活用の重要性が指摘されており、経営戦略の策定に合わせてそれらを進めることで「使える情報化」に取り組むことも改善の一歩になります。

経営戦略の策定・見直しの視点④
他の計画との調整を図る

一般会計部局

| 総合計画局 |
| 公共施設等総合管理計画 |

調整

目指す方向性
取組みの方向性

様々な計画があるけど
整合性が取れてない…

?

公営企業の経営戦略は、内部にある様々な計画の整合性に加え、一般会計部局の上位計画等との整合性を図る必要があります。特に一般会計部局との整合性について、公営企業は独立採算だから関係ないと思われがちですが、経営戦略は自治体における計画のひとつであり、整合性を図るのは当然のことと言えます。

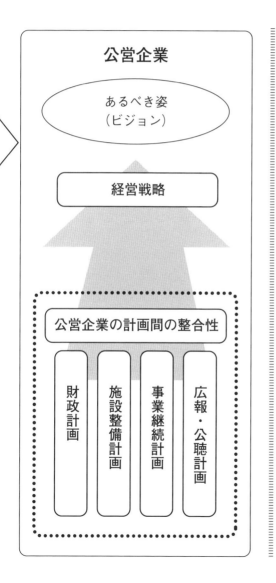

【一般会計部局と連携しよう】

　経営戦略は、自治体が定める総合計画や公共施設等総合管理計画などとの整合性を図る必要があります。

　したがって、公営企業の部局だけで策定するのではなく、一般会計部局の政策企画担当、財政担当などと連携することが求められます。

【計画間の整合性を図る】

　公営企業の中にも様々な計画があります。それらの計画の内容についても横断的に整合性を図り、公営企業が目指すあるべき姿を実現するための経営戦略になっているか確認をする必要があります。

　例えば、財政計画で料金の改定や起債の予定がないにもかかわらず、施設整備計画では、多額の投資を予定しているなど、整合性が図られていないと計画は絵に描いた餅になってしまいます。

経営戦略の策定・見直しの視点⑤
最新バージョンで取り組む

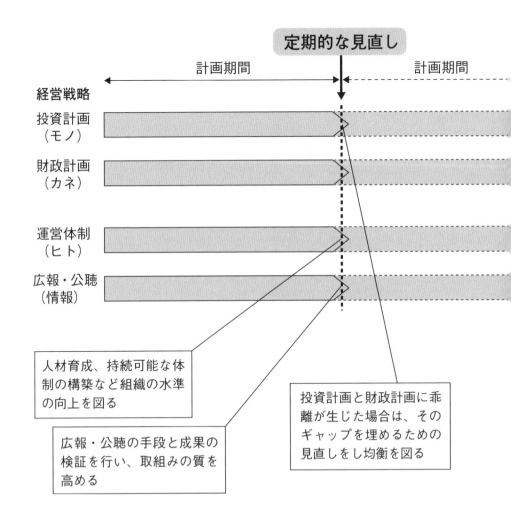

定期的な見直し

計画期間　　　　　　　　　　　　　　計画期間

経営戦略

投資計画
（モノ）

財政計画
（カネ）

運営体制
（ヒト）

広報・公聴
（情報）

人材育成、持続可能な体制の構築など組織の水準の向上を図る

広報・公聴の手段と成果の検証を行い、取組みの質を高める

投資計画と財政計画に乖離が生じた場合は、そのギャップを埋めるための見直しをし均衡を図る

ポイント

経営戦略は、計画期間における投資計画・財政計画の乖離、その他の取組みの実績や成果を検証し、改善を図り、次期計画につなげましょう。また、使えるツールにするために、定期的な見直しはもちろん、必要に応じて随時見直しを図ることが大切です。

あるべき姿・目指す姿

どんなに分析や予測を行い策定した計画でも、策定した瞬間から現実との乖離が生じてしまうのが一般的です。経営戦略を「あるべき姿・目指す姿」を達成するためのツールにするには、随時、見直しを行うことが大切です。

【財源の裏付けをとる】

　投資計画、財政計画を検討する際、現状の分析、将来予測、目標の設定等の試算を行い、投資計画を実行できる財源の裏付けを明確にすることが大切です。

【最新バージョンで取り組む意味】

　計画は基本的に将来の予測に基づいて策定されます。したがって、策定と同時に現実とのギャップが生じます。

　経営戦略は国から策定が求められているため受動的になり、見直しサイクルもそれに倣いがちになりますが本来、経営戦略はあるべき姿等を実現するためのものです。

　それぞれの現在の必要性に応じて能動的に取り組むことが大切です。

経営資源としての「ヒト」

業務の内容	20歳代	30歳代	40歳代	
マネジメント				
経営・計画		経営・計画		経営・計画
営業・事務	営業・事務　営業・事務			
施設運転・維持管理			維持管理　維持管理	
施設建設・更新			更新	
資金調達			資金調達	

技術の継承が
懸念される

在籍職員の年代が
集中している例

50歳代	60歳代
	管理者
部長	

経営資源としての「ヒト」
を深掘りしてみましょう。
ビジョンを実現できる職員
の配置になっていますか?
あるべき姿を実現するため
には「ヒト」の戦略は大切
な視点になります。

【未来を見据えた配属を考える】

　組織として培ってきたノウハ
ウや技術がしっかりと継承でき
る体制になっているかは、極め
て重要です。モノ（投資）の検
討、カネ（財源）の検討、そし
て、情報を扱うのもヒトです。

　「一般職員は人事には口を出
せない」という話をよく聞きま
すが、人事を他人事にせず、公
営企業が持続的かつ安定的にサ
ービスを提供できる体制を整備
する必要があります。

　特に技術系職員の配属は属人
的になりがちで、持続可能な職
場の構築ではなく、今の安全を
重視した配属になる傾向があり
ます。

　このことは、公営企業だけで
はなく自治体の課題として認識
する必要があります。

経営資源としての「カネ」

●インフラ事業の費用の構造（水道の例）

固定費
（約95%）

費用の種類	減価償却費	支払利息	修繕費

0%　　　　　　20%　　　　　　40%

固定費を安定的
に回収するため
の料金体系

基本料金

一般的な
料金体系

基本料金

人口減少の中で経営を安定
的に行うためには、料金体
系も重要な視点になります。

費用の構造を理解することは、公営企業を取り巻く環境に適応していくための方法を検討するうえでとても大切です。人口減少社会でも持続的な経営を可能とする料金体系を考えましょう。

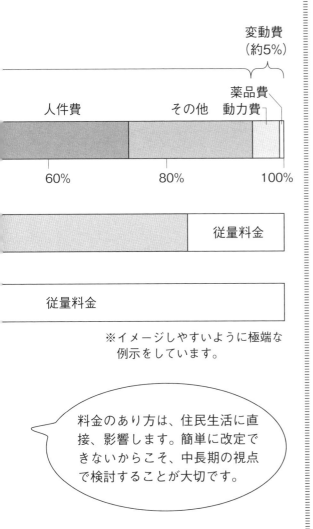

変動費
（約5%）

薬品費
人件費　　　　その他　動力費

60%　　　　80%　　　　100%

従量料金

従量料金

※イメージしやすいように極端な
　例示をしています。

料金のあり方は、住民生活に直接、影響します。簡単に改定できないからこそ、中長期の視点で検討することが大切です。

【費用の構造から見る事業運営】

　公営企業の事業の中でも特に水道事業は、施設整備が大きな比率を占める装置産業です。そして、費用の構造としては「固定費」が多く、水を作る量に伴って変わる「変動費」の割合が少ないのが特徴です。

　つまり、今後さらに人口減少が進んで給水収益が減少しても、固定費はそのままなのです。こうした費用の構造からも、事業の運営が厳しさを増すことが容易に想像できます。

【一般的な料金体系との乖離】

　固定費を安定的に回収するには、一般的に基本料金で固定費を賄えば良いものの、実際のところ、歴史的に公衆衛生の向上の観点から低価格の基本料金（基本水量）が大きな役割を果たし、その名残りが現在も色濃く残っています。実際の費用の構造と一般的な料金体系に乖離があることを認識しましょう。

経営資源としての「情報」

持続可能な公営
企業の経営につ
なげる

住民との良好な関係の構築により
持続可能な経営を実現する

料金を納得して支払う
意識を醸成する

公営企業に対する
オーナーシップの
醸成を図る

公営企業に対する理解と
親しみを持ってもらう

広報・公聴を充実させる

公営企業のサービスを
意識しない住民

経営戦略に広報・公聴の充実を位置付ける意味は、住民との良好な関係の構築により接続可能な経営を実現することにあります。

【組織が一丸となって広報・公聴に取り組む】

広報・公聴は、継続して取り組むものです。組織として何を目的に行い、成果をどう捉えるのか等を経営戦略に明示することで、組織の共通認識を持って取り組むことができます。

【経営戦略への位置付け方】

位置付けるべき要素として、「広報や公聴を行う目的は何か」「アウトカムはどのような状態か」「どのような手法を用いるか」「対象は誰か」「どのような実施体制か」などがあります。

公営企業の広報戦略は住民との対話が基本です。公営企業の職員は住民と接する機会が多くあります。一人ひとりが広報担当者になったつもりで仕事に向き合うことが大切です。

6-10 経営資源としての「モノ」

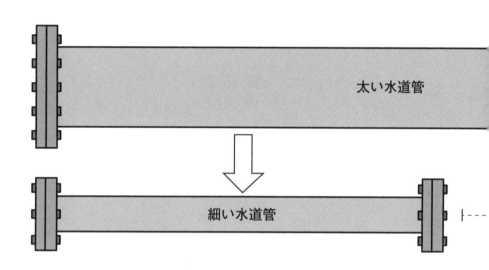

太い水道管

細い水道管

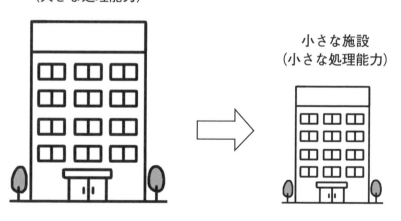

大きな施設
（大きな処理能力）

小さな施設
（小さな処理能力）

ポイント　提供するサービスに対して保有する資産が過大にならないように適切にコントロールできれば、素晴らしい資産管理ができていると言えます。それを実現するためにダウンサイジングを行う計画がありますが、絵に描いた餅とならないように改めて実行可能性を検証してみましょう。

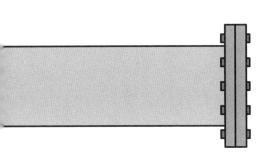

管路の短縮

【事前にしっかり検証する】

　ダウンサイジングとは、モノのサイズを小さくしたり、距離を短くしたりすることです。そうすることで、過大なモノを取り除き、効率化を目指します。しかし、技術的に様々な課題をクリアする必要があります。代替施設の建設が必要であったり、現在の需要を満たせる内容になっていなかったりといったように、計画が絵に描いた餅になっていないか、事前に検証する必要があります。

人口減少に適応したダウンサイジングの必要性は高く、多くの計画に位置付けられています。

一方で、ダウンサイジングをするためのロードマップが具体的にされているケースは多くありません。

公営企業の職員のやりがい

● 公営企業を取り巻く環境

枚挙にいとまが
ない問題

● 経営戦略の策定に携わる職員

・できない言い訳を考えるのではなく、やる方法を考える職員
・当事者意識を持つ職員
・「適応」「順応」といった視点を持つ職員
・住民と対話ができる職員・山積みの問題の中から課題を設定し、解決策を
　考えるセンスを持つ職員

できない言い訳で理論武装するより、自分ごととしてできるようにする方法を考えましょう。そして、問題の中から課題を設定し、その解決策を個々の戦術レベルから全体のビジョンを達成する戦略レベルにできる力を養いましょう。

【公営企業の仕事のやりがい】

　皆さんは、公営企業の仕事に携わることの幸せを実感していますか？

　公営企業の仕事に派手さはありませんが、皆さんが頑張れば頑張るほど住民の生活を支える基盤が強くなります。

　皆さんの頑張りによって子どもや孫の世代に安全・安心のバトンをつなげることができるのです。言い換えれば、公営企業の仕事は、地域社会の未来の安全・安心を創る仕事と言えるでしょう。

　これほどやりがいのある仕事ができるのはとても素晴らしいことです。

仕事は地味でもやりがいMax!

仕事が難しくても、辛くない！

地域社会の未来の安全・安心を創る職員

コラム6

オンリーワンの経営戦略を策定しよう

【研修会で感じること】

　経営戦略の策定や改定を扱う研修会に参加すると、心配になることがあります。皆さん、実に真面目かつ熱心に受講されているのですが、多くの方にとっては経営戦略のひな形様式の使い方や何を含めれば経営戦略として認められるかについてがもっぱらの関心事なのです。つまり、経営戦略を策定すること自体が目的になっているようなのです。

　確かに、国から公営企業に対して経営戦略の策定が求められていますが、本来、経営戦略なるものは誰かにお願いされて策定するものではなく、自らの必要性に基づき自ら策定するものなのです。

　国が求めている、内容の現状把握・分析・将来予測、目標の設定・水準の合理化、投資計画と財政計画の乖離についてそのギャップを埋めること、事後検証……等々は当たり前のこと、言うなれば最低限の内容です。

【経営戦略の方向性】

　経営戦略の策定にあたっては、組織のビジョンが共有され、そのうえで全体をよく見て現状を把握しビジョンが達成できるよう、取り組むべき方向性が示されている必要があります。

　また、公営企業はあって当たり前のサービスを提供しています。当たり前を維持する難しさを認識し、持続可能な事業とするための取組みも必要でしょう。

　それぞれの公営企業において、オンリーワンの経営戦略が策定されることを望みます。

参考資料

水道事業の課題と今後の方向性

●事業における課題

人口減少等に伴う料金収入の減少	
施設の老朽化に伴う大量更新	財源の確保
	アセットマネジメントの精度向上
耐震化等の災害対策	
人材不足	技術・ノウハウ継承と人材育成
各分野における新技術の登場	
住民の低料金を望む意識	住民とのコミュニケーション機会の充実

●公営企業として行う意義

水道事業は、住民の日常生活に欠くことのできないインフラであり、公衆衛生の向上等の点からも極めて公共性の高い事業です。水道事業は、原則として市町村が経営するものとされており、今後も、公営企業としてサービス提供を行う必要性が高い事業です。

地域の特性に応じて、総合的な視点で広域化、民間活用等を検討する必要があります。また、経営戦略に基づく内部マネジメントの強化に取り組むこと、人材育成を公営企業の問題とせず、地方公共団体の問題として取り組む体制を構築することが大切です。

●課題解決の方向性

広域化等
地域の状況に応じた広域化パターン等の検討

民間活用
民間企業の有する優れた技術やノウハウの積極的な活用

内部マネジメントの強化
経営戦略の策定等による組織的な取組み

人材育成
事業課題を解決（適応・順応）できる政策を立案できる人材の育成

広域化と民間活用は、どちらかを検討するのではなく、どちらも含めた総合的な検討が必要です。

【広域化等のパターン】
　広域化・民間活用等のパターンとしては、水源・水系が共通している団体、用水供給を行う都道府県・企業団と末端給水を行う市町村、連携中枢都市圏または定住自立圏の活用、既存の一部事務組合の活用などがあります。

【水道事業の現状】
　水道事業は全体的に黒字基調ですが、小規模な事業では単年度の決算が赤字となっているケースもあります。また、黒字であっても、必要な施設の更新を先送りしているなど、内容が健全でない事業も存在します。

131

工業用水道事業の課題と今後の方向性

●事業における課題

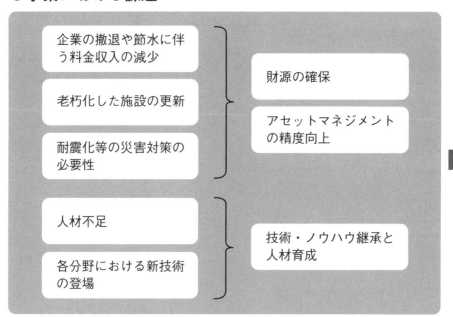

- 企業の撤退や節水に伴う料金収入の減少
- 老朽化した施設の更新
- 耐震化等の災害対策の必要性

→

- 財源の確保
- アセットマネジメントの精度向上

- 人材不足
- 各分野における新技術の登場

→

- 技術・ノウハウ継承と人材育成

●公営企業として行う意義

工業用水道事業は、産業活動等に欠くことのできないインフラです。産業振興や企業立地は、地域の雇用を生むなど地域経済に大きな影響があることから、公営企業で行う必要性が高い事業です。

ポイント

短期的な視点で行う必要のある老朽化した施設の更新や経営の健全化に加え、工業用水の需要が次第に減少傾向であることから中長期的な視点での対応策を検討することが大切です。

● 課題解決の方向性

民間活用の検討
PPP/PFI 等の民間活用

資産の有効活用
水道事業との施設共有等

経営戦略の策定等による
マネジメントの強化

人材育成
事業課題を解決（適応・順応）できる政策を立案できる人材の育成

給水量が伸びず、技術を持つ職員も減るなど、厳しい経営環境です。

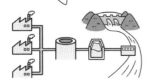

【工業用水道事業の現状】

　工業用水道事業は全体的に黒字基調ですが、黒字であっても、必要な施設の更新を先送りしているなど、経営内容が健全でない事業が存在します。また、企業の撤退などにより料金収入は減少しており、その中で更新のための投資をどのように行っていくのか検討を行う必要があります。

交通事業（バス）の課題と今後の方向性

●事業における課題

人口減少等に伴う利用者減	利用動向・需要と現状の路線を踏まえた運行計画と信頼性の確保
輸送の安全性の確保の必要性	
公共交通の維持、福祉的側面への配慮	公共交通網の持続可能性の確保
住民、民間事業者、関係機関など広範囲への影響	情報共有を含めたコミュニケーション機会の確保

●公営企業として行う意義

バス事業は、住民の移動需要に応じるための身近な交通手段です。民間事業者が代替可能な区間では、必ずしも公営企業として事業を行う必要はありませんが、地理的・社会的条件等により民間事業者の参入が見込まれない区間がある場合や民間事業者の輸送力が不足する場合、交通手段を確保する必要性から公営企業により事業が実施されています。

公営企業を存続させるか、あるいはコミュニティバスやデマンドタクシー等により公営企業ではない方法で公共交通手段を確保するか、どちらを選択しても最終的には住民の移動需要に対応できるかという福祉的側面がより重視されます。

● 課題解決の方向性

事業廃止、民営化・民間譲渡
民間事業者やコミュニティバスの運行等で代替可能な地域における経営の見直しの検討

公営企業の存続、代替手段の検討
引き続きサービスを提供するのか、公営企業を廃止し、一般会計において行うコミュニティバス・デマンドタクシー等で公共交通手段を確保するかの検討

内部マネジメントの強化
経営戦略の策定等による組織的な取組み

まちづくりと連携して、地域における公共交通ネットワークの再構築を行う視点が必要になります。

【交通事業（バス）の現状】
　交通事業は、住民の直接的な移動手段であり、そのあり方は住民生活に大きな影響をもたらします。現在、バス事業の経営は公営・民営問わず厳しい状況にあります。地域の総力を結集して地域公共交通の維持を考えることが求められる中で、公営企業の問題としてだけではなく、地方公共団体の問題として考えることが大切です。

交通事業（地下鉄）の課題と今後の方向性

●事業における課題

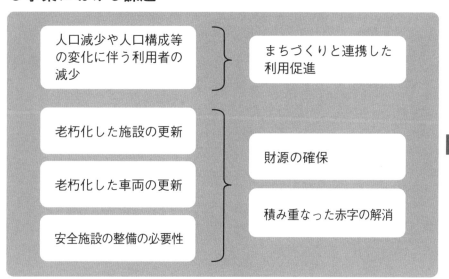

人口減少や人口構成等の変化に伴う利用者の減少

まちづくりと連携した利用促進

老朽化した施設の更新

老朽化した車両の更新

財源の確保

安全施設の整備の必要性

積み重なった赤字の解消

●公営企業として行う意義

地下鉄事業は、大都市における交通需要の増大を受けて整備が進められてきました。地下鉄事業は巨額の投資が必要です。かつ、投下した資本の回収には極めて長い期間が必要であり、民間で新しく事業を始めることが困難なため、公営企業により事業が実施されています。

<table>

ポイント

中長期の視点で経営戦略を策定して改革を進めていく必要があります。また、他の公共交通事業者等と連携して、地域における持続可能な公共交通ネットワークを形成することが求められます。

●課題解決の方向性

民営化・民間譲渡

累積欠損金を解消した事業における検討

民間活用の検討

経営の効率化と収益性の改善

経営戦略に基づくマネジメントの強化

課題解決の方策に民営化等があげられる理由のひとつに、行政の一組織であるがゆえの制約が抜本的な課題解決を妨げていることが指摘されています。

【交通事業（地下鉄）の現状】

　人口減少や人口構成の変化に伴う利用者の減少に、公営企業が単独で対応するのは無理があります。地下鉄事業であれば、沿線との連携や官民を問わずまちづくりと連携して地下鉄の利用者の増加のための方策をとるなどの必要があります。

電気事業の課題と今後の方向性

●事業における課題

電力システム改革への対応

事業環境の変化への対応

再生可能エネルギーの普及促進への対応

エネルギーの地産地消

住民がエネルギー問題を自分事として捉える意識の欠如

まちづくりとの連携

●公営企業として行う意義

電気事業は、電力会社等へ売電を行う事業です。民間事業者も参入していることから、民間企業による代替性があります。一方、エネルギーの地産地消、分散型エネルギーの普及促進等の視点から、公営企業として行う電気事業については、まちづくりの視点で連携して対応することが期待されています。

電気事業のあり方を見直し競争の原理を導入する、いわゆる「電力システム改革」に対応した事業の今後を検討することが大切です。また、現在、地産地消エネルギー等への貢献が期待されています。

●課題解決の方向性

事業廃止
発電形式別の事業方向性の整理

民営化、民間譲渡、民間活用
発電形式別の事業方向性の整理

まちづくりとの連携
エネルギーの地産地消の取組み

電気事業の場合、発電形式ごとの特性を踏まえたうえで事業の方向性を検討しましょう。

【水力発電事業の現状】

　民営化・民間譲渡の検討が求められます。公営企業として存続する場合は、民間活用、経営の効率化の推進を検討することが求められます。

【ごみ発電事業の現状】

　公営企業として行う必要性について検討することが求められます。公営企業として存続する場合、民間活用、経営効率化の推進を検討することが求められます。

【風力発電事業の現状】

　施設の稼働状況や老朽化、固定価格買取制度を踏まえて、事業廃止、民営化、民間譲渡を検討することが求められます。

【太陽光発電事業の現状】

　施設の稼働状況や老朽化、固定価格買取制度を踏まえて、事業廃止、民営化、民間譲渡を検討することが求められます。

ガス事業の課題と
今後の方向性

●事業における課題

人口減少や人口構成等の構造的変化に伴う販売量の減少	
制度変更への対応	事業環境の変化への対応
他の燃料との競合	
原材料費の変動	
老朽化した施設の更新	財源の確保
累積欠損金の解消	積み重なった赤字の解消

●公営企業として行う意義

ガス事業によるサービスの提供は、住民生活に不可欠なものですが、一般的にガス事業は民間の事業者が担っていることから、公営企業で行う必然性はありません。ただし、現在ガス事業を公営で行っている地方公共団体の多くは、代替する民間事業者が少ないのが現状です。

ガスの小売り自由化といった制度改正により変わる事業環境に対応するため、中長期の視点で経営戦略を策定し改革を行うことが求められます。

●課題解決の方向性

経営戦略の策定等
事業環境変化への対応及びマネジメントの強化

民間譲渡の可能性の検討

施設や設備の規模の適正化等による効率化

【ガス事業の現状】
　ガス事業では、民間譲渡を選択する公営企業が主流です。ガスの小売り自由化の中で、これまでの経営方法では対応が困難になっていることが理由のひとつです。

ガスの小売り自由化といった制度変更に伴い、地方公営企業法の適用を受けての事業展開では競合する民間企業に対抗するのが難しい状況となっています。

市場事業の課題と今後の方向性

●事業における課題

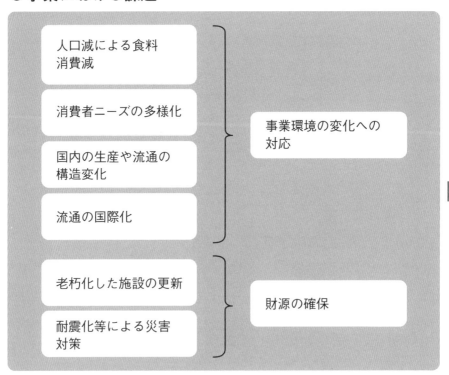

人口減による食料消費減	
消費者ニーズの多様化	事業環境の変化への対応
国内の生産や流通の構造変化	
流通の国際化	
老朽化した施設の更新	財源の確保
耐震化等による災害対策	

●公営企業として行う意義

市場事業は、開設者が卸売業者や仲卸業者等から使用料を徴収し、卸売取引を行わせる事業で、必要な施設や設備の維持管理、そして、取引の管理を行っています。事業環境の変化に対応し、市場事業の役割を発揮することが求められます。

生産者や需要者等のニーズに対応しながら、市場を活性化することが大切です。また、公営企業としての機能を発揮すること、さらに広い視点では農林水産業の振興等に与える影響等も念頭に置きつつ、課題の解決を進めていくことが大切です。

●課題解決の方向性

広域化による統廃合の検討

民営化、民間譲渡による
統廃合の検討

民間活用による
経営の効率化

経営戦略に基づく
マネジメントの強化

運営形態の検討に加え、民間の活力やノウハウを取り入れ、市場の活性化を図っていく視点も忘れてはなりません。

【市場事業の現状】

　市場事業の機能には、生鮮食料品等の公正な取引や価格形成、需給調整、地域における安定供給がありますが、市場事業を取り巻く経営環境は厳しさを増しており、赤字基調の公営企業が多い状況です。

　今後、老朽化した施設の更新など支出の増加が見込まれており、運営形態について広域化、民営化や民間譲渡を検討する必要があります。

観光施設・その他事業の課題と今後の方向性

●事業における課題

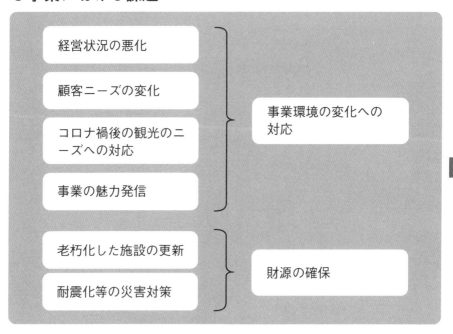

●公営企業として行う意義

観光施設その他事業には、国民宿舎等の休養宿泊施設事業、ロープウェイ、温泉施設事業等、観光振興などを目的とする施設の設置・運営事業があります。地域資源を活かした地域の振興や雇用の確保に加え、地理的・社会的条件などにより民間事業者による事業が期待できない地域においては公営企業の役割を果たすことが期待されます。

改革の方向性において、観光施設その他事業には厳しい認識が示されています。公営企業で事業を行う必要性を中長期の視点で検討することが大切です。

●課題解決の方向性

民間譲渡の検討

民間譲渡ができない場合は、PFIや指定管理者制度の導入、抜本的な経営の効率化を検討

公営企業で行うことの適否の検討

地域振興や雇用確保などの観点から検証する公営企業の必要性や持続可能性を検証

内部マネジメントの強化

経営戦略の策定等による組織をあげた取組み

事業廃止の検討

観光施設・その他事業は、事業を継続する場合であっても、課題解決の方向性として民営化や民間譲渡が有力な手段になります。

【観光施設・その他事業の現状】

　観光施設・その他事業については、施設そのものの必要性や公営企業で運営することの必要性を十分に検討する必要があります。地域振興や雇用確保などに直結する問題ですが、民営化や民間譲渡が難しい場合、事業の廃止も検討する必要があります。

　また、公営企業だけの問題ではなく、地方公共団体全体の問題とすることも必要です。

参考資料 下水道事業の課題と今後の方向性

●事業における課題

課題	方向性
下水道使用料の原価計算の適正化	財源の確保
人口減等に伴う使用量減	
老朽化した施設の更新	ストックマネジメントの精度向上
耐震化等災害への対応	
未普及地域の解消	
人材不足	技術・ノウハウ継承と人材育成
水、資源、エネルギーの循環利用の推進への対応	
住民の意識・低料金を望む意識	住民とのコミュニケーション機会の充実

●公営企業として行う意義

下水道事業は、生活環境の改善・公共用水域の水質保全等の役割を担っており、住民生活に欠かせない公共性の高い事業です。生活環境の整備などまちづくりの政策と連携して実施する必要があり、今後も、公営企業としてサービス提供を行う必要性が高い事業です。

下水道事業は、未普及地域解消や老朽施設の更新等に巨額の資金を必要とします。投資、そして、維持管理の両面において、合理化・効率化を図る必要があります。

●課題解決の方向性

広域化等

汚水処理施設の統廃合、汚水処理の共同化、維持管理・事務の共同化、施設整備の最適化等の検討

民間活用

指定管理者制度、包括的民間委託、PPP/PFI方式等の検討

内部マネジメントの強化

「経営戦略」に基づく、投資と維持管理の両面の合理化・効率化

【下水道事業の現状】

　下水道は、その設置、改築、修繕、維持その他の管理は市町村が、流域下水道の場合は都道府県等が行うものとされています。

　汚水処理施設が未普及の地域においては、地理的・社会的条件に合わせて各種処理方法の中から、最適なものを選択し、計画的かつ効果的に整備を進めることが大切です。

経営の持続可能性への危機意識や広域化等の効果について、自治体と住民の理解を深める必要があります。

駐車場整備事業の課題と今後の方向性

●事業における課題

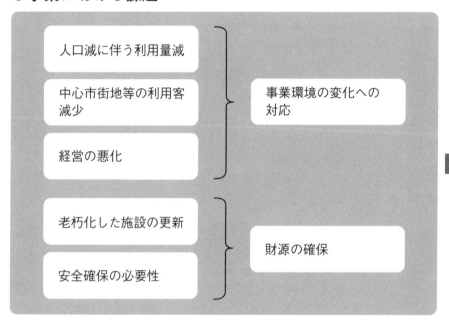

●公営企業として行う意義

駐車場整備事業とは、住民が利用する有料駐車場（路上駐車場以外）運営事業です。違法駐車の防止などによる道路交通の円滑化や、まちづくり・中心商店街振興など都市機能の増進を目的として公営企業で実施されていますが、近年、公営企業として駐車場整備事業を行う必要性が低下しています。

ポイント 駐車場整備事業は、中心市街地における利用客の減少や、民間駐車場での代替性等により、公営企業として実施する必要性が全体的に低下しています。経営戦略の中で方向性を適切に位置付けることが必要です。

●課題解決の方向性

> **公営企業としての事業継続と民間活用の検討**
> ※引き受け手がいない場合
>
> **民営化や民間譲渡の検討**
> ※事業継続が可能で、引き受け手がいる場合
>
> **内部マネジメントの強化**
> 経営戦略の策定等による組織的な取組み
>
> **事業廃止の検討**

駐車場整備事業は、都市政策として、まちづくりと連動しながら立地等の適正化を図る必要があります。

【駐車場整備事業の現状】
駐車場の実態調査を行い、構造や立地ごとの課題を踏まえ、整備計画を策定するとともに、エリア内における需給調整や民間の駐車場を含めた適正化が必要です。

●参考文献・資料

【書籍】

『現代公益事業——ネットワーク産業の新展開』（塩見英治 編、有斐閣、2011 年）

『市場自由化と公益事業——市場自由化を水平的に比較する』（藤原淳一郎・矢島正之 監修、財団法人政策科学研究所 企画、白桃書房、2007 年）

『水道サービスが止まらないために——水道事業の再構築と官民連携』（宮脇淳・眞柄泰基 編著、時事通信社、2007 年）

『水道行政・水道事業の課題と動向』（熊谷和哉、全国簡易水道協議会、2003 年）

『水道事業の現在位置と将来』（熊谷和哉、水道産業新聞社、2013 年）

『人口減少下の社会資本整備——拡大から縮小への処方箋』（丹保憲仁 編著、社団法人土木学会、2002 年）

『合意形成論——総論賛成・各論反対のジレンマ』（土木学会誌編集委員会 編、社団法人土木学会、2004 年）

『人口減少下のインフラ整備』（宇都正哲・植村哲士・北詰恵一・浅見泰司 編、東京大学出版会、2013 年）

『公営企業のための経営学』（佐々木弘・公営企業金融公庫総務部企画課 監修、財団法人地方財務協会、1998 年）

『経営システムⅠ 企業の公的経営〔改訂版〕』（佐々木弘・山田幸三、放送大学教育振興会、2006 年）

『新説 市民参加〔改訂版〕』（高橋秀行・佐藤徹、公人社、2013 年）

『行政広報論』（井出嘉憲、勁草書房、1967 年）

『財務会計概論〔第 9 版〕』（加古宜士、中央経済社、2010 年）

『現代会計学総論』（田中茂次、中央経済社、2000 年）

『監査実務質疑応答集——仕方・受け方のすべて』（池田昭義、学陽書房、1993 年）

『一番やさしい公営企業の会計と経営』（有限責任監査法人トーマツ パブリックセクター・ヘルスケア事業部 編著、学陽書房、2020 年）

『改訂 地方公営企業法逐条解説』（関根則之、地方財務協会、1998 年）

【論文・資料等】

佐々木弘「わが国の水道事業改革の方向性」『公営企業』398 号（一般財団地方財務協会、2002 年 5 月）

太田昭一『地方自治職員研修』臨時増刊 No93（公職研、2010 年）

「持続可能な水道サービスのための浄水技術に関する研究（Aqua 10 共同研究）成果報告書（¾）」（水道技術センター、2012 年）

厚生労働省健康局水道課「水道事業におけるアセットマネジメント（資産管理）に関する手引き（解説版）」

総務省「令和 2 年度地方公営企業年鑑」

【ホームページ】

公益事業学会

おわりに

　公営企業の仕事は、目立たなくても人々の暮らしを支えるやりがいのあるものです。そして、職員の皆さんの頑張りによって住民生活の安全・安心や利便性はさらに向上します。そのような仕事に励まれている皆さんに、あらためて感謝するとともに敬意を表します。

　筆者は、水道事業に 20 年間従事しましたが、そのような素晴らしい公営企業に携わる皆様を応援し、少しでもお役に立ちたいという気持ちで本書を執筆しました。本書が少しでも皆様の学びに貢献できれば、これ以上の喜びはありません。

　執筆にあたって、公認会計士の池田昭義先生からは多くの助言をいただきました。先生は筆者が公営企業について勉強するきっかけをくださった方であり、感謝しかありません。

　また、総務省公営企業課主幹の関本徹様をはじめ職員の皆様、元厚生労働省水道課長の熊谷和哉様からも重要な視点をいただきました。あらためて感謝申し上げます。

　そして、本書の出版の機会をくださった学陽書房の根山萌子様には大変お世話になりました。根山様の励ましのおかげで、何とかこのような形でまとめることができた次第です。ここに記して感謝の意を表します。

吉岡 律司

【著者紹介】

吉岡律司（よしおか・りつじ）

1970年岩手県生まれ。

岩手県立大学大学院総合政策研究科博士後期課程退学。博士（学術）。

公営企業（水道事業）に20年間在籍し、その後、企画財政課を経て現在、矢巾町政策推進監・岩手県立大学客員准教授。専門分野は、行政学、市民参加論、地方公企業論（上下水道）。

新水道ビジョン策定検討会委員（厚生労働省、2013年）、経営戦略策定支援等に関する調査研究会委員（総務省、2018年）、人口減少社会等における持続可能な公営企業制度のあり方に関する研究会委員（総務省、2019年）、他多数の委員を歴任。

著書（共著）に『水環境の事典』（朝倉書店）、"Future Design"（Springer）。市町村職員中央研修所、全国市町村国際文化研修所、地方公共団体金融機構セミナーをはじめとする研修で講師を務めた他、地方公共団体の経営・財務マネジメント強化事業（公営企業関係）アドバイザー（総務省）として、各地方公共団体の課題対応、課題達成、啓発研修の支援をしている。

図解 よくわかる**地方公営企業**のしくみ

初版発行　2023年2月2日

著　者	———————	吉岡律司
発行者	———————	佐久間重嘉
発行所	———————	学陽書房

〒102-0072　東京都千代田区飯田橋 1-9-3
営業● TEL 03-3261-1111　FAX 03-5211-3300
編集● TEL 03-3261-1112　FAX 03-5211-3301
http://www.gakuyo.co.jp

DTP制作	———————	フェニックス
装　丁	———————	佐藤　博
印刷所	———————	加藤文明社
製本所	———————	東京美術紙工

★乱丁・落丁本は、送料小社負担にてお取り替えいたします。